MARCO POLO

Franken

Nürnberg
Würzburg
Bamberg

Reisen mit Insider Tipps

W0172605

Diesen Reiseführer schrieben Michael und Edda Neumann-Adrian. Sie lieben Franken, haben über Frankenwein und fränkische Schlösser geschrieben.

www.marcopolo.de

Infos zu den beliebtesten Reisezielen im Internet, siehe auch Seite 106

SYMBOLE

 MARCO POLO INSIDER-TIPPS:
Von unseren Autoren für Sie entdeckt

★ **MARCO POLO HIGHLIGHTS:**
Alles, was Sie in Franken kennen sollten

HIER HABEN SIE EINE SCHÖNE AUSSICHT

🏃 **WO SIE JUNGE LEUTE TREFFEN**

PREISKATEGORIEN

Hotels		Restaurants	
€€€	über 120 Euro	€€€	über 16 Euro
€€	70–120 Euro	€€	12–16 Euro
€	bis 70 Euro	€	bis 12 Euro

Preise für zwei Personen im Doppelzimmer mit Frühstück in der Saison.

Die Preise gelten für ein durchschnittliches Hauptgericht für eine Person.

KARTEN

[112 A1] Seitenzahlen und Koordinaten für den Reiseatlas Franken

[U A1] Koordinaten für die Karte Nürnberg im hinteren Umschlag

Karten zu Bamberg, Bayreuth, Rothenburg und Würzburg finden Sie auf den Seiten 122/123.

Zu Ihrer Orientierung sind auch die Orte mit Koordinaten versehen, die nicht im Reiseatlas eingetragen sind.

GUT ZU WISSEN

INHALT

Die wichtigsten
MARCO POLO Highlights

Sehenswürdigkeiten, Orte und Erlebnisse, die Sie nicht verpassen sollten

 Mozart-Fest Würzburg
Klassik in und bei der Residenz – zum Openair-Konzert bringt man Picknick-körbe mit (Seite 25)

 St.-Anna-Fest
Forchheimer Volksfest unter Bäumen und in gemütlichen Bierkellern – doch die findet man über, nicht unter der Erde! (Seite 25)

 Germanisches Nationalmuseum
In Nürnberg zeigt man den Weg vom ältesten Globus der Welt bis zur »Straße der Menschenrechte« (Seite 29)

 Fränkisches Seenland
Seen und Strände südlich von Nürnberg, 10 000 Gästebetten für Familien, Surfer, Segler, Inlineskater (Seite 43)

 Naturpark Altmühltal
Baden, radeln, Fossilien suchen im größten deutschen Naturpark (Seite 44)

 Rothenburg ob der Tauber
Weltberühmter Touristenmag-net – neben viel Kommerz große Kunst und ein malerisch altertümliches Stadtbild (Seite 46)

 Altstadt
Bambergs städtebauliche Kost-barkeit steht auf der Unesco-Liste des Welterbes (Seite 51)

Ziel von Touristen aus aller Welt: Rothenburg ob der Tauber

Fränkisches Seenland: Altmühlsee

 Tropfsteinhöhlen
Teufelshöhle, Binghöhle und
noch tausend andere – ein
unterirdischer Naturpark in der
Fränkischen Schweiz (Seite 57)

 Festspielhaus
Alle Jahre wieder ein Top-
Ereignis: Wagner-Enkel Wolfgang lädt zur großen Oper
nach Bayreuth (Seite 60)

 Pompejanum
Im »bayerischen Nizza«, in
Aschaffenburg, baute sich
König Ludwig I. eine antike
Villa – und Jahre nach dem
Bombenkrieg erstand sie neu
(Seite 72)

 **Bürgerspital
zum Heiligen Geist**
Bocksbeutelschätze in
einem über 500 Jahre alten
Würzburger Weinbaubetrieb
genießen (Seite 79)

 Residenz
Ein Meisterwerk Balthasar
Neumanns und seiner promi-
nenten Architektenkollegen
steht in Würzburg (Seite 82)

Barock: Würzburger Residenz

 Romantik Hotel Zehntkeller
»Schade, dass man einen Wein
nicht streicheln kann«, seufzte
schon Kurt Tucholsky in
Iphofens Zehntkeller (Seite 87)

 Rokokopark
Herrliches Gartenwunder
in Veitshöchheim – mit
Skulpturen, Laubengängen,
Wasserspielen (Seite 88)

 **Weinfranken und
Rosenkranzmadonna**
Der Rundweg im Weinland
eignet sich gut für eine
Familienwanderung
(Seite 93)

 Die Highlights sind in der Karte auf dem hinteren Umschlag eingetragen

Entdecken Sie Franken!

In einer der schönsten deutschen Landschaften erwartet Sie weit mehr als nur Barock, Bratwürste und Butzenscheiben

Wo fühlen sich die Menschen in Deutschland am wohlsten? Im Jahr 2002 brachte eine Internet-Umfrage die Antwort: in Aschaffenburg und seiner Umgebung am Untermain, im nordwestlichen Zipfel Frankens. Klima und Kultur, die park- und waldgrüne Landschaft, beste Verkehrsverbindungen, moderate Arbeitslosigkeit – all das führt zu höchster Zufriedenheit. Die ist den Aschaffenburgern nachzufühlen, wenn man sich zum Beispiel auf den Gartenterrassen der Königsvilla Pompejanum am Blick auf den Main und die Rebenhänge freut.

Wein und Schlösser – dafür steht bei vielen das Frankenland. Doch in jüngster Zeit gefällt es auch immer mehr Familien mit Kindern, die es vor allem an die neuen fünf Seen zieht: Altmühlsee, Rothsee, Igelsbachsee, Kleiner und Großer Brombachsee. Baden, surfen, segeln und sonnen sind angesagt. Aber auch Wanderer und Radler kommen ins Fränkische Seenland, und besonders gern Inlineskater.

Fränkische Schweiz: Die Burg Egloffstein thront auf ihrem Felsen über dem gleichnamigen Ort

Im friedlichen Fränkischen Seenland

Lust auf Natur? Fleißige Rechner haben herausgefunden, dass von der Gesamtfläche Frankens etwa die Hälfte zu den neun fränkischen Naturparks gehört. Insgesamt sind das zwischen Spessart und Frankenwald, Rhön und Altmühltal rund 14 000 km^2, ein bunter Landschaftsteppich aus lieblichen Tälern und felsigen Mittelgebirgen, weiten Wäldern und verträumten Weihern.

Und wo begegnet man so vielen stolzen Burgen, Schlössern und gut erhaltenen, romantischen alten Stadtbildern wie in der Landschaft zwischen Rhön und Donau, Spessart und Fichtelgebirge? So vielen holzgetäfelten Wirtshäusern und komfortablen Kleinstadthotels, so prachtvollen barocken Kirchen, so lieblichen Tälern, idyllischen Badeseen, verwunschenen Wäldern?

Geschichtstabelle

500 v. Chr. Keltische Besiedlung

1.–2. Jh. Römer bauen den Limes, erst bis Miltenberg, dann bis Kelheim

6.–8. Jh. Franken siedeln am Main

689 Märtyrertod des iroschottischen Missionars Kilian

742 Bonifatius gründet das Bistum Würzburg

777 Urkunde Karls des Großen bezeugt Weinbau

1007 Kaiser Heinrich II. gründet das Bistum Bamberg

12. Jh. Die Nürnberger Burg wird strategisch wichtige Kaiserpfalz der Staufer. 1192 werden die Hohenzollern Burggrafen von Nürnberg

1219 Nürnberg wird Freie Reichsstadt

1456 Ansbach wird markgräfliche Residenz

1524/25 Bauernkrieg, Reformation (Beginn mit Martin Luthers 95 Thesen 1517)

1603 Bayreuth wird markgräfliche Residenz

1803–15 Das Königreich Bayern erhält die fränkischen Gebiete

1835 Erste deutsche Eisenbahn Nürnberg–Fürth

1840 Hochzeit des Coburger Prinzen Albert mit Queen Victoria

1876 Erste Bayreuther Festspiele

1919 Räterepublik in München; die Regierung zieht nach Bamberg

1933–38 NS-Reichsparteitage in Nürnberg

1946–49 Nürnberger Kriegsverbrecherprozesse

1990 Die Wiedervereinigung gibt Franken seine historische Mittellage in Deutschland zurück

1992 Main-Donau-Kanal eröffnet

1993 Erweiterung des Germanischen Nationalmuseums in Nürnberg mit der »Straße der Menschenrechte«

2000 Nürnbergs »Neues Museum für Kunst und Design« eröffnet

2004 Neuer Fernwanderweg »Frankenweg« vom Rennsteig zur Schwäbischen Alb

2006 Jubiläumsausstellung »200 Jahre Franken in Bayern« im Museum für Industriekultur in Nürnberg (April–Nov.)

2007 Bamberg und Fürth feiern 1000-jähriges Jubiläum

Unsere fränkische Reise führt zu weltberühmten Plätzen, sie ermuntert aber auch zu Abstechern und lässt die Kleinode des zweiten Blicks nicht außer Acht.

Wie findet man sich zurecht im fränkischen Landschaftslabyrinth, das alle paar Kilometer wieder mit Neuem, Andersartigem aufwartet? Der Main kann eine erste Orientierung sein. Er mäandert zwischen Aschaffenburg und Schweinfurt erst zum Maindreieck, dann zum Mainviereck und lässt so mal die linksmainischen, mal die rechtsmainischen Ufer in den Genuss der Sonne kommen.

Stolze Burgen und romantische Stadtbilder

Mit den schönen fränkischen Waldgebirgen ist es noch »a wenga«, wie die Franken sagen, komplizierter. Rhön, Spessart und Fränkische Schweiz, das legt man sich zurecht. Aber fragen Sie mal Ihre Mitmenschen, wenn die nicht gerade Erdkundelehrer in Würzburg oder Nürnberg sind, wie sich die Frankenalb von der Frankenhöhe und wie sich von beiden wieder der Frankenwald unterscheidet. Oder wo denn genau der Steigerwald an den Rangau grenzt.

Ein Glück nur, dass die fränkischen Fremdenverkehrsexperten in klarer Erkenntnis des geografischen Schwierigkeitsgrades für jede ihrer Landschaften einen eigenen Prospekt anbieten. Zum fränkischen Tourismusmosaik gehört seit dem Jahr 2000 als 15. Region ein wahres Landschaftsjuwel: das Liebliche Taubertal zwischen Creglingen und Wertheim.

Auf Regionen, durch die große Verkehrswege ziehen, richtet sich immer das Augenmerk der Mächtigen. Franken macht da keine Ausnahme. Aus den dunklen Jahrhunderten des frühen Mittelalters treten mit vergleichsweise kurzem zeitlichen Abstand die drei wichtigsten fränkischen Zentren ins Licht: 704 nennt eine Urkunde *Virteburch,* 902 eine andere das *Castrum Babenberg* und im Jahr 1050

Dinkelsbühl: Altstadt mit Heilig-Geist-Spital und Rothenburger Tor

Der »Frankenweg«

Und viel Bewegung in freier Natur: zu Fuß, per Boot oder im Sattel

Als »neuer Stern am Himmel der deutschen Spitzenwanderwege« wurde 2004 der Frankenweg begrüßt und von den einschlägigen Verbänden als erster Weitwanderweg in Deutschland mit dem Zertifikat »Qualitätsweg Wanderbares Deutschland« versehen. Rund 520 km misst die Gesamtstrecke vom thüringischen Rennsteig bei Blankenstein bis zur Harburg an der Schwäbischen Alb – genug für einen gemächlichen Drei-Wochen-Wanderurlaub, aber auch nach Belieben in Teilstrecken zu genießen. Ähnliches gilt für die immer zahlreicheren fränkischen Aktiv-Angebote vom Radeln und Reiten bis zum Bootswandern. Ortsgebunden sind dagegen die Vorschläge »Winzer für einen Tag« oder die Fossiliensuche in den Steinbrüchen des Altmühltals.

eine dritte die *Burg von Nürnberg*: Das Bistum Würzburg, dem bald die fränkische Herzogsmacht zufiel, das Bistum Bamberg und die Stadt Nürnberg mit Kaiserburg und Patrizierherrschaft wurden zu Hauptorten fränkischer Geschichte.

Auch die Hohenzollern besetzten Hauptrollen auf der Bühne der fränkischen Geschichte: als Burggrafen in Nürnberg, später als Markgrafen von Ansbach und Bayreuth.

In Frankens freien Reichsstädten wuchs das bürgerliche Selbstbewusstsein. Fromm, aber auch voll Prestigeverlangen erbauten die Bürger Dome und Kirchen. Um 1500 schuf Albrecht Dürer seine große Holzschnittfolge der »Apokalypse«. Der Nürnberger Meister eröffnete damit das Zeitalter des reproduzierbaren Kunstwerks. Zu gleicher Zeit arbeiteten der Erzgießer Peter Vischer und seine Söhne, der Steinbildhauer Adam

>> *Das Zerstörte entstand täuschend ähnlich neu* <<

Kraft sowie der aus Osterode zugewanderte Maler und Bildhauer Tilman Riemenschneider. Franken wurde zu einem Herzland des Humanismus und der Renaissance.

Aber die Ritterfehden, der Bauernkrieg, der Dreißigjährige Krieg? Franken hat das alles gekannt, erlitten. Die Stadtmauern von Rothenburg und Dinkelsbühl, die Bastionen der Veste Coburg zeugen von unfriedlichen Zeiten, in denen man sich um der Sicherheit willen selbst einmauerte.

Anderthalb Jahrhunderte kämpfte man auch in Franken um die Entscheidung zwischen katholischer und evangelischer Konfession. Nürnberg entschied sich wie andere Reichsstädte für die Reformation. Würzburg und Bamberg, die alten Bistümer, feierten die Selbstbehauptung ihrer katholischen Herrschaft im 18. Jh. mit prächtigen Barockpalästen und festlichen Kirchen.

Als vor zwei Jahrhunderten dann das alte Reich unterging und die fränkischen Herrschaften an Bayern fielen, das neue Königreich von Napoleons Gnaden, versank Franken für lange Zeit in einen Dornröschenschlaf. Nur an wenigen Orten, voran in Nürnberg, begann das Industriezeitalter, mit der ersten deutschen Eisenbahn als Startsignal.

Nach dem Zweiten Weltkrieg, als auch fast alle fränkischen Städte im Bombenkrieg zu Ruinenfeldern geworden waren, zeigten die Franken ihre Beharrlichkeit und die Verbundenheit mit dem Überkommenen. Neben dem fränkischen Wirtschaftswunder ereignete sich ein fränkisches Aufbauwunder: Das Zerstörte erstand täuschend ähnlich neu, in Nürnberg, in Würzburg und in vielen anderen Orten.

Vorbei ist die Zeit des Dornröschenschlummers: Mit Elan sind die Franken ins neue Jahrtausend gegangen. Nur einige Stichworte: Mit frisch eröffneten Thermalbädern für Wellness-Orientierte erblüht eine neue Badekultur. Wieder ganz neu wahrgenommen werden die fränkischen Orte des römischen Limes, seit die Unesco ihnen im Jahr 2005 den Welterbe-Status zuerkannte. Das Fränkische Seenland südlich von Nürnberg hat sich zum Urlaubermagnet entwickelt. Kinder und ihre Eltern entdecken Franken als »buntes Spielzeugland«. Schon bisher nicht arm an Museen, lädt Franken in seine spektakulären Neugründungen ein, so nach Nürnberg und Schweinfurt.

» Naturparks, Thermalbäder, Festspiele «

Nicht zuletzt erklingt quer durchs Land jeden Sommer herrliche Festspielmusik zwischen Ansbach und Bamberg, von Würzburg bis Bayreuth. Erleben und genießen Sie das alles selbst!

Das Pompejanum in Aschaffenburg, im Hintergrund Schloss Johannesburg

Bocksbeutel, Fachwerk und mehr

Das Frankenland ist reich an Geschichte, an Genies, kulinarischen Spezialitäten und Lebenskunst

Bocksbeutel

Qualitätsweine oder gar solche mit Prädikat wie etwa Kabinett und Spätlese gibt es im Frankenland in besonderen Flaschen: rund und breit, flachbauchig, meist grün, doch auch braun und neuerdings hell, in Bauernderbheit wegen ihrer Ähnlichkeit zum Hodensack des Ziegenbocks auch Bocksbeutel genannt. Heute darf innerhalb der EU grundsätzlich nur Wein aus Franken in den altüberlieferten Bocksbeutelflaschen verkauft werden, Ausnahmegenehmigungen haben in Deutschland nur Weine aus einigen Gemeinden der badischen Ortenau, innerhalb Europas einige traditionelle Weinorte in Portugal sowie in Italien.

Christkindlesmarkt

Weihnachtliche Backwaren, Dekorations- und Geschenkartikel, Spielzeug und viel Lichterglanz sind die Spezialitäten des Markts, der vom Freitag vor dem ersten Advent bis zum Heiligen Abend auf dem Nürnberger Hauptplatz vor der Frauenkirche abgehalten wird. Wegen der

Frankens ältester und steilster Weinberg: die Spitzenlage Kallmuth bei Schloss Homburg am Main

malerischen Geschlossenheit des Platzes, des Lichterglanzes und der musikalischen Umrahmung ist der Markt eine weltweit bekannte Attraktion. Urkundlich erstmals 1638 erwähnt, geht er auf den Brauch zurück, die Kinder am Weihnachtstag zu beschenken. Auch viele Nürnberger Museen sind in diesen Dezemberwochen länger geöffnet.

Albrecht Dürer

Beeinflusst von Reformation und Renaissance, bildet die Kunst Albrecht Dürers einen Höhepunkt der deutschen Malerei. »Dürerzeit« – so wird heute noch die Epoche genannt, die stilbildend für die auf sie folgenden war. Der weltberühmte Sohn Nürnbergs (1471–1528) hatte Goldschmied bei seinem Vater gelernt und war Schüler des Malers Michael Wolgemut. Aus den Formen der Spätgotik führte er die Malerei in die Renaissance. Seit seiner ersten Italienreise beschäftigte er sich besonders mit den richtigen Proportionen bei der Darstellung des Menschen und hinterließ ein theoretisches Werk darüber. Wir bewundern noch heute seine detailgetreuen Naturdarstellungen, seine Selbstporträts und seine Kunst in der Darstellung religiöser Themen

Nürnberg: Am Tiergärtnertor gibt es viel Fachwerk und den »Drachenstich«

sowie seinen Erfindungsreichtum. Dürers Streben, die Gesetzmäßigkeit des Schönen zu entdecken, seine Bevorzugung linearer Genauigkeit ließen ihn auch zum bedeutendsten Kupferstecher und Holzschneider seiner Zeit werden.

Fachwerk

Diese Bautechnik reicht bis ins 14. Jh. zurück: Ständer, kräftige senkrechte Balken, sind in eine Schwelle eingezapft. Stabilität erhalten sie durch die waagerechten Riegel und die schrägen Streben. Die Gefache zwischen den Balken sind in Franken meist mit weiß verputzten Ziegeln gefüllt, häufig ist das Untergeschoss aus behauenem Stein. Fränkisches Fachwerk ist von der Form her meist einfach, ohne gebogene oder verzierte Balken. Eine häufig anzutreffende Anordnung ist der »Wilde Mann«, ein Ständer mit je zwei angelehnten Schrägstreben oben und unten.

Genies und Tüftler

Etwas vorher nie Dagewesenes herauszufinden, das lag im 15. und 16. Jh. in Franken überall in der Luft. Die Kunst, auch die im höchsten Grad spezialisierte Handwerkskunst, vereint mit Genauigkeit und Findigkeit, hatte damals in Nürnberg ihr Zentrum. Regiomontanus, 1436 in Königsberg in Franken geboren, gründete in Nürnberg die erste deutsche Sternwarte. Seine Berechnungen dienten noch knapp hundert Jahre später der gregorianischen Kalenderreform.

Auch den Kosmografen Martin Behaim (1459–1507), einen Nürnberger, führte sein Genie in die Ferne: Er war Hofastronom in Lissabon und soll Kolumbus bei seinen Entdeckungsfahrten beraten haben. Sein berühmtes Werk ist der »Erdapfel« von 1492, der erste Globus. Lange verschollen, auf einem Speicher schließlich wiederentdeckt, ist dieser Globus heute im Germanischen Nationalmuseum in Nürnberg zu sehen. Ebenfalls zur Dürerzeit arbeitete in Nürnberg der Schlosser und Feinmechaniker Peter Henlein. Er erfand die »Unruh« für Uhrwerke und konnte 1510 in seiner Werkstatt die erste Taschenuhr, das »Nürnberger Ei«, herstellen. Im Bronzeguss tat es der Familie Vischer niemand gleich. Aus ihrer 1453 gegründeten Nürnberger Gießhütte ging über drei Generationen hinweg Metallguss in Vollendung hervor. Vischer-Hauptwerk in Nürnberg: das Sebaldusgrab.

Dass der Mensch rechnen muss, um genau zu arbeiten, führten die Handwerker damals vor. Adam Ries aus dem fränkischen Staffelstein hat die Rechenlehre zur Methode gemacht. Als Bergbeamter im erzgebirgischen Annaberg veröffentlichte er Anfang des 16. Jhs. die ersten Rechenbücher. Seither bestehen wir darauf, dass unsere Zahlen »nach Adam Ries(e)« stimmen müssen.

Kaspar Hauser

Eine Kriminalgeschichte, die in der Biedermeierzeit wirklich geschehen ist. Mitten in Nürnberg am Unschlittplatz wird eines Tages ein junger Mann, verwahrlost und zurückgeblieben, aufgefunden. Der Mann, der einen Namen angibt, aber nichts über seine Herkunft sagen kann, erweist sich als intelligent und bildungsfähig, obwohl er offensichtlich isoliert und ohne geistige Anregung aufgewachsen ist. Nachdem er bei verschiedenen Nürnberger Bürgern gelebt hat, wird er nach einem Attentat auf ihn nach Ansbach gebracht. Dort ermordet ihn fünf Jahre nach seinem Auftauchen ein Unbekannter im Hofgarten.

Einige Forscher behaupten bis heute, Kaspar Hauser sei ein Prinz aus dem Haus Baden gewesen. Die rätselhafte Geschichte des Kaspar Hauser wurde auch verfilmt, zuletzt 1993 von Peter Sehr.

Bäderland, Gesundheitsland

Wellness und mehr im »Gesundheitspark Franken«

Franken ist nicht nur Winzer- und Weinland, Brauer- und Bierland, sondern auch ein Land heilkräftiger Quellen: Vom einst königlich-wittelsbachischen Bad Brückenau in der Rhön über Bad Kissingen bis Bad Königshofen in den Hassbergen, von Bad Steben im Frankenwald bis Bad Windsheim im Steigerwald, aber auch von Bad Mergentheim im Taubertal bis Bayreuth und demnächst vielleicht auch bis Fürth hat man die Wahl zwischen Thermen, Mineral-, Moor- und Kneippheilbädern. Ob Herz und Kreislauf, ob Rheuma, Stoffwechsel oder innere Organe Sorgen machen – Franken lädt zum Gesundheitsurlaub ein und hat 1998 seine Heilbäder und Kurorte zum »Gesundheitspark Franken« deklariert *(Runduminformationen mit Sonderprospekten beim Tourismusverband Franken e. V., Tel. 0911/94 15 10, Fax 941 51 10, www.frankentourismus.de)*.

Lebkuchen

Spontanes Stichwort zu Nürnberg, obwohl es dieses Gewürzgebäck mit Honig auch in anderen fränkischen Orten gibt. Aber nirgends sind sie einerseits so althergebracht und andererseits so industriell vermarktet. Schon im Mittelalter wurden sie an der Pegnitz gebacken, denn es gab den Honig aus dem Reichswald vor den Toren und die exotischen Gewürze Zimt, Nelken, Kardamom, Muskat sowie die südländischen Mandeln durch die Handelsbeziehungen der Reichsstadt. Zucker kannte man noch nicht.

Zum Gedenken an eine große Lebkuchenverteilung Kaiser Friedrichs III. an Nürnberger Kinder im Jahr 1487 fertigte man noch Jahrhunderte später Lebkuchen mit dem Bild des Landesherrn, die »Kaiserlein«. Heute wetteifern viele Variationen: braune Lebkuchen, solche mit Oblaten und verschiedenem Überzug und die berühmten »Elisen«, deren Teig nicht aus Mehl, sondern aus geriebenen Mandeln und Nüssen gemacht wird. Einige Bäcker und Konditoren backen Lebkuchen noch handwerksmäßig – und alle hüten das Geheimnis ihrer speziellen Gewürzmischungen.

Main-Donau-Kanal

Mittelfranken ist ein Land der Wasserscheide zwischen Nordsee und Schwarzem Meer, da viele Flüsse zum Main hinströmen (Tauber, Rednitz, Aisch), andere (Wörnitz, Altmühl) zur Donau. Schon Karl der Große erkannte die Vorteile einer Wasserverbindung zwischen Rhein und Donau. Tausend Jahre später war der Ludwig-Donau-Main-Kanal des Bayernkönigs Ludwig I. zu schmal und unwirtschaftlich. Erst zwischen 1960 und 1992 wurde die neue Kanalverbindung als 55 m breite Wasserstraße und Betonrinne gebaut: fast 2,5 Mia. Euro teuer und 171 km lang, von Bamberg bis zum niederbayerischen Kelheim, mit 16 Schleusen eines der größten und heftig umstrittenen Wasserbauwerke unserer Zeit. Unersetzliche Tal- und Ortsbilder sind irreparabel in Mitleidenschaft gezogen worden. Wegen der Milliardenkosten gilt der Main-Donau-Kanal vielen als gigantische Fehlinvestition. Auf der anderen Seite steht: Transport auf dem Wasser spart Energie und ist emissionsarm. Zugleich mit dem Kanalbau wurden auch Wasserkraftwerke geschaffen, die bereits ein Viertel der bayerischen Stromerzeugung aus Wasserkraft aufbringen. Hunderte von Kreuzfahrtschiffen sind jährlich nach Budapest und zurück unterwegs. Der Beitritt Bulgariens und Rumäniens zur EU könnte dabei helfen, den teuren Kanal rentabel zu machen.

Meterbratwurst

Sulzfeld, südöstlich von Würzburg, ist ein ganz kleines Städtchen mit Mauer und Türmen, darum seit Dürers Zeiten Ziel von Fremden. Und die werden gern auf den Arm genommen, wenn sie die beliebte Sulzfelder Bratwurst kosten wollen: Bei Bestellung einer Wurst kommt mindestens 1 m (geringelt) auf den Teller!

Reichsparteitagsgelände

Nürnberger Geschichte ist nicht nur Fachwerk- und Burgidyll. Obwohl die Stadt vor 1933 »links« wählte, wurde sie von der Hitler-

Partei bereits 1927 für ihre Partei-
tage ausersehen und nach der
Machtergreifung zur »Stadt der
Reichsparteitage« erklärt, in fal-
schem Spiel mit altdeutscher
Reichstradition. Vor der Innenstadt
liegen die Architekturreste der
Reichsparteitage. Nürnberg ver-
leugnet sie nicht, sondern antwor-
tet mit historischer Aufklärung, ohne billige Rechtfertigungshaltung.

Das gigantomanische Auf-
marschgelände (312 x 289 m, mit
turmbewehrter Umwallung, bis zu
200 000 Menschen fassend) wurde
noch übertroffen vom südlich in
der Heidelandschaft des Lorenzer
Reichswalds gelegenen Märzfeld,
das dreimal so groß geplant war.
Dessen Türme wurden 1967 ge-
sprengt, das Gelände zum Teil über-
baut. Zum Märzfeld führte die heute noch bestehende Große Straße
(60 m breit, von den Amerikanern
bis 1968 als Landebahn genutzt),
die als Aufmarschlinie mit Blick auf
die Nürnberger Burg angelegt ist.

Über dem Dutzendteich steht
als Torso die dem römischen Kolos-
seum nachgeprotzte Kongresshalle,
geplant für 50 000 Menschen. Dort
zeigt das *Dokumentationszentrum
Reichsparteitagsgelände* die Geschichte des Nationalsozialismus in
der Ausstellung »Faszination und
Gewalt«. Als starkes architektoni-
sches Zeichen bohrt sich ein Vier-
kantpfahl aus Glas und Stahl durch
den Nordflügel des massiven Baus.
Mit schrägen Ebenen und Wänden,
mit Kriegs- und Holocaust-Fotos ru-
fen die schwarz ausgeschlagenen
Schauräume eine beklemmende
Stimmung hervor. Am Ende des
Rundgangs trifft man auf Tafeln mit
den Rechtsgrundsätzen der Kriegsverbrecherprozesse von 1945/46 –

Zeichen setzen: Dokumentationszentrum Reichsparteitagsgelände

Grundsätze, gegen die auch Demo-
kratien bis heute verstoßen.

Welterbe Limes

Neue Karten sind für Limes-Erkun-
der gedruckt worden, sie zeigen die
Deutsche Limesstraße (oft abseits
des Limes) und den Deutschen Limes-Radweg. 500 km liegen zwischen dem Beginn des obergerma-
nisch-raetischen Limes am Nieder-
rhein bis zum Endstück bei Kelheim an der Donau. Mauerwerk,
Fundamente, Wachtürme sind auf
den beiden fränkischen Abschnit-
ten zu finden, auch einst wichtige,
teils rekonstruierte Orte wie Weißenburg und Ellingen. Nützlich:
der Wegweiser »Römer in Franken«
vom Tourismusverband. *www.deut
sche-limeskommission.de*

Mal Bier, mal Wein, mal kräftig, mal fein

**Es muss nicht immer Bratwurst sein:
Fränkische Vielfalt deckt den Tisch reichlich**

So vielgestaltig die Landschaft Frankens ist, so abwechslungsreich sind die Speisen in den verschiedenen Landesteilen. Braten und Wurstwaren sind berühmt, Gemüse und würzige Kräuter wachsen bis vor die Tore Nürnbergs, Wild gibt's in den Wäldern des Fichtelgebirges und der Fränkischen Schweiz, Äpfel, Pflaumen und Pfirsiche gedeihen an Sonnenhängen. Die Leute in Franken sind keine Prasser, aber Genießer.

Wer im Land reist, merkt bald, dass es verschiedene Arten der berühmten fränkischen Bratwurst gibt: die fingerkleine, würzige Nürnberger, die viel größeren aus der Bamberger Gegend, von denen in alten Zeiten, sagt man, dreie auf ein Pfund gingen; die in Coburg, aus feinem Fleisch, ohne Majoran und so wohlschmeckend, dass es dort verpönt ist, sie mit Senf zu essen. Die Coburger braten sie auf einem Rost über Kiefernzapfenfeuer, die Nürnberger über Buchenholzglut. Dazu gibt es meist ganz mildes, wacholderbeerenwürziges Sauerkraut oder auch Kartoffelsalat.

Rauchbier und Brotzeiten gibt's im gemütlichen Lokal Schlenkerla in Bamberg

Bratwürste als Hauptmahlzeit, das bedeutet bei den Nürnbergern leicht zwölf Stück auf einmal.

Wie aus der Vielfalt fränkischen Bratwurst-Brauchtums leicht zu schließen, versteht man sich hier auf gut gewürzte Fleischspeisen, ob gebraten, gesotten, geräuchert oder verwurstet – aber es muss nicht immer als Bratwurst sein! Schon zum Frühstück bietet so mancher Gasthof eine kleine Auswahl heimischer Aufschnitt-Würste an.

Gewürze sind die Stärke der fränkischen Kochkunst. Sie wachsen in Hülle und Fülle im sogenannten »Knoblauchland« nördlich von Nürnberg: Thymian, Majoran, Kümmel, der viel gepriesene Meerrettich, die Absinthpflanze Beifuß (für den Gänsebraten), Zwiebeln und mehr. Natürlich gedeiht in diesem Landstrich auch zartes, wohlschmeckendes Gemüse, und Vegetarier, die nach Franken reisen, müssen keine Angst haben, dass sie neben den Wurstschüsseln hungern werden – die Gastronomie hat sich selbst in kleineren Orten auch auf ihre Wünsche eingestellt.

Desserts sind meist nicht speziell fränkisch, sondern mehr allgemein süddeutsch geprägt: Apfelküchla etwa. Ganz würzburgerisch

Fränkische Spezialitäten

Lassen Sie sich diese Köstlichkeiten gut schmecken!

Arpfl-Supp' – (von Erdäpfel = Kartoffeln) mit Suppengemüse, Petersilie und Speck

Backes oder greana Backes – Puffer aus rohen Kartoffeln

Bauchstecherla – gebratene Küchlein aus Kartoffeln, Ei, Grieß

Blaue (oder saure) Zipfel – Bratwürste, nicht gebraten, sondern mit viel Zwiebeln und etwas Essig in Brühe gekocht

Brotzeit – Bauernweißes (Sülze) und Rotgelegtes (roter Presssack), Leberwurst, kalter Braten, Räucherschinken

Fingerhüt – gekochte Kartoffeln mit Mehl, Ei, Salz in Butterschmalz ausgebacken

Gerupfter – pikanter Weichkäse mit Butter, Zwiebeln und Paprika durchgerührt

Hechtenkraut – mit mildem Sauerkraut im Ofen gegartes Hechtfleisch

Hochzeitssuppe – Rinderbrühe mit Grieß-, Leber-, Fleischklößen und Eierstich

Hopfensalat – Hopfensprossen gekocht und als pikanter Salat angerichtet

Karpfen aus dem Aischgrund – im Teig in der Pfanne gebacken

Karpfen nach Nürnberger Art – in dicker Sauce aus Gemüsen, Gewürzen und dunklem Bier

Klöß' – Klöße aus rohen Kartoffeln, *Seidenklöß'* aus gekochten

Krautbraten – Hackfleisch, zwischen Kohlblättern im Ofen gebacken

Kutteln – Rindermagen, sauer gekocht

Märchsalat – Meerrettich mit Apfel, Essig, Öl, Zitrone. Wird zum Fleisch serviert

Meefischli – knusprig gebratene winzige Mainfische

Nürnberger Osterfladen – Weißbrot mit Ei und Butter

Sauerbraten – Rindfleisch in Essig mariniert, dann gekocht

Serviettenkloß – aus Semmeln, Milch, Eiern, Salz. Wird in einer Serviette gekocht

Ziebelaskäs – Quark mit Sahne, Zwiebel und Schnittlauch. Wird zu Pellkartoffeln serviert

Zwiebelblatz – Hefeteig mit Zwiebeln, Rahm und Speck

ist in Frankenwein gedämpfter Apfel mit Mandeln.

Der Frankenwein wächst im milden Unterfranken, und je nach Bodenart – für Kundige: Muschelkalk, Gipskeuper, Buntsandstein – hat er einen anderen Geschmack, denn er wird durch die Mineralien des Bodens beeinflusst. Darüber hinaus charakterisiert die Rebsorte den Wein: zurückhaltend, harmonisch die Silvanerweine, duftig der Müller-Thurgau (diese beiden sind die häufigsten fränkischen Rebsorten), kräftig-spritzig Kerner und Riesling. Fränkische Rotweine, früher nur als Raritäten von der »Rotweininsel« Klingenberg bekannt, werden wohl bald auf etwa 20 Prozent der Rebfläche angebaut.

Besonders angenehme Weine tragen das »Gütezeichen Franken« des Fränkischen Weinbauverbands. Die Frankenweine sind meist »halbtrocken« oder »trocken« klassifiziert, in Franken dürfen »trockene« Weine nicht mehr als 4 g Restzucker pro Liter haben (statt 9 g anderswo im EU-Bereich). Das mag der Grund dafür sein, dass Frankenweine als bekömmlich und gesund gelten.

In Franken wird vielerorts ökologischer Weinbau betrieben. Auch außerhalb des Vereins »Ökologischer Weinbau« bemühen sich zahlreiche Winzer um Begrünung der Weinberge und naturnahe Methoden bei Düngung und Schädlingsbekämpfung. Dem Weintourismus öffnet eine schicke Broschüre neue Wege, unter dem leicht schrägen Motto »Franken – Wein. Schöner. Land«. Mehrere Kenner haben sich zusammengetan, haben erstklassige Winzer, Weingüter und Weinwanderwege zertifiziert, dazu

noch Adressen von Weingütern mit Gästezimmern ausgewählt, Gästeführer, Museen, Veranstaltungen benannt. Der Weinfreund, der das Büchlein vom Tourismusverband Franken in die Hand bekommt, möchte gleich aufbrechen, im Auto, mit dem Rad – oder zu Fuß durch die Weinberge. *www.franken-wein land.de*

Franken ist aber auch ein Bierland. Auf den Hochflächen wächst eine eiweißarme Gerste, die Wasser aus den Gebirgen sind gut und frisch zum Bierbrauen. Neben den Großbrauereien, etwa in Kulmbach, gibt es viele kleine, darunter auch solche, die biologisch angebaute Grundstoffe verwenden. Bei Bierproben kann man mit vielen Biersorten bekannt werden, wie dem Braunbier (Bayreuth), dem Schwarzbier (Kulmbach), dem (Bamberger) Rauchbier, dessen Malz den Geschmack von Buchenholzrauch angenommen hat. Auch naturtrübes Kellerbier wird manchmal ausgeschenkt.

Fränkische Bierwanderwege und Bierradwege gibt es mehrere, zum Beispiel den *Aischtalradweg* zwischen Bad Windsheim und Uehlfeld, der 55 km lang und gut markiert ist und streckenweise der Aischgründer Bierstraße folgt. *Auskunft: Verkehrsamt, Hauptstr. 3, Scheinfeld, Tel. 09162/92 91 41, Fax 92 91 26, info@bierstrasse.de*

Bei allen fränkischen Festen wird kräftig geschmaust und gezecht. Und überall locken kulinarische Spezialveranstaltungen – vom »Rödelseer Frühling« über die »Kulmbacher Bierwoche« bis zu den »Scharfen Wochen« des Kren (Meerrettich) in der Fränkischen Schweiz.

Christbaumschmuck das ganze Jahr

Frankenwein im Bocksbeutel und Lebkuchen, aber auch Glas, Zinn und Porzellan sind schöne und traditionelle Geschenke

Der Nürnberger *Christkindlesmarkt* dauert nicht länger als vier Wochen. Rund ums Jahr ist dagegen Weihnachtsmarkt bei Käthe Wohlfahrt in der Herrngasse in Rothenburg. Ein IBM-Manager hatte die Geschäftsidee seines Lebens und baute für amerikanische und japanische Touristen *Käthe Wohlfahrts Weihnachtsdorf* auf. Inzwischen gibt es schon vier Wohlfahrt-Läden. An sommerlichen Stauwochenenden und zur Adventszeit muss man Eintritt zahlen, um auch nur durch die Tür zu gehen.

Wer bereits genug Christbaumkugeln hat, kommt im Mai oder September zum *Trempelmarkt* in Nürnberg, »dem« Altstadtflohmarkt. Für Freunde edlerer Antiquitäten empfehlen sich Würzburg und Bamberg mit guten Adressen.

Viele echt fränkische Souvenirs sind ess- oder trinkbar – Lebkuchen, Wein, Winzersekt und Bier. Die Wahl eines Frankenweins aus der Fülle guter und bester Lagen ist nicht leicht. Wer sich nicht mit Johann Wolfgang von Goethe an den bewährten »Würzburger Stein« hält (der älteste Lagenname in deutschen Weinbaugebieten!), kann sich im *Haus des Frankenweins* in Würzburg Rat holen. Dort, aber auch bei vielen Winzern und Winzergenossenschaften finden Weinproben statt. Beim Winzer kauft man meist günstiger als im Laden.

Aus der Tradition des Bergbaus im Fichtelgebirge stammt die Freude der Franken an hübschen Zinnfiguren: Preisgünstiger sind die ohne Bemalung, teurer die bemalten. Aus der Glasbläser- und Porzellantradition Oberfrankens kommt das Angebot an Glas-, Porzellan- und Keramiksouvenirs. Auch da brachte es eine fränkische Firma zum Welterfolg: die *W. Goebel Porzellanfabrik* in Coburg-Rödental mit den putzigen Kinderfiguren nach Zeichnungen der Schwester Maria Innocentia Hummel, deren Preise leicht über 1000 Euro betragen können.

Zentrum des Puppenlands Franken ist Neustadt bei Coburg mit Puppenmesse und Sammlerbörse.

Puppen ganz anderer Art, nämlich Kleiderpuppen, sieht man im *Wertheim Village* bei Würzburg, einem der größten und schönsten Outlet-Shoppingcenter der Republik.

Als glühweinduftender, glitzernder Weihnachtstraum zeigt sich der Christkindlesmarkt in Nürnberg

Feste, Events und mehr

Ob Wagner, Mozart oder Jazz – zum Kunstgenuss gehört immer Wein

Franken feiert die Musik, den Wein, alle Künste und den Sport, es feiert kulinarisch, historisch und auf den Märkten, speziell auf den

Dinkelsbühl: Kinderzeche

Weihnachtsmärkten. Über 100 (!) fränkische Weihnachtsmärkte gibt es sowie mehr als 200 Weinfeste. Dazu kommen die bunt geschmückten Osterbrunnen, die Maibäume, Johannisfeuer und Kirchweihfeste. Musikfreunden ist der *BR Musikzauber Franken* zu empfehlen. In Schlössern, Kirchen, open air oder auf einer Flusskreuzfahrt werden

Klassik, Jazz und Rock von hervorragenden Interpreten an schönsten fränkischen Plätzen geboten *(http://br-online.de/franken/zauber).* Mit Fantasie und Charme veranstalten seit Jahren die Mitglieder des Verbands Deutscher Prädikats- und Qualitätsweingüter (VDP Franken) in Parks und Schlössern ihre musikalischen Weinfeste *(Tel. 09556/ 98 10 29, Fax 98 10 31).*

Gesetzliche Feiertage

1. Januar *Neujahr;* **6. Januar** *Heilige Drei Könige;* **Karfreitag;** **Ostermontag;** **1. Mai** *Tag der Arbeit;* **Christi Himmelfahrt;** **Pfingstmontag; Fronleichnam;** **15. August** *Mariä Himmelfahrt;* **3. Oktober** *Tag der Deutschen Einheit;* **1. November** *Allerheiligen;* **25./26. Dezember** *Weihnachten*

Feste

Januar

Insider Tipp *Bronnbacher Kultouren* – Musik, Literatur, »Bronnbacher Gespräche«, Ausstellungen – von März bis Dez. ist im Zisterzienserkloster Bronnbach Kultur zu erleben *(Auskunft: Tel. 09341/822 76, www.kloster-bronnbach.de).*

März

Internationales Klezmerfestival Fürth – jiddische Musik mit hervorragenden Interpreten aus Europa und den USA.

April

Amorbacher Orgelmusik – auf der berühmten Stumm-Orgel spielen beste Organisten (Konzerte bis Dez.).

Mai

»Der Meistertrunk« – mit dem Historienspiel feiert Rothenburg seinen trinkfestesten Bürgermeister.

Juni/Juli

Festspielsommer der heiteren Muse – Weißenbach in Bayern feiert nahe der Altmühl mit Oper, Operette, Musical auf der Naturbühne des Bergwaldtheaters (bis Aug.).
Kammermusik, Bach & Blues bis *Jazz unplugged* – in Pottensteins Teufelshöhle (bis Anfang Okt.).
Luisenburg-Festspiele – Musik und Theater im Fels-Naturtheater.
Würzburger Barockfest – Konzert im Kaisersaal der Residenz, danach fränkische Weine mit Galamenü.
★ *Mozart-Fest Würzburg* – Konzerte von internationalem Rang, auch unter freiem Himmel.
Mozart-Fest – Konzerte im Hofgarten von Veitshöchheim.

Juli

Kinderzeche – Kostümierte Festumzüge in Dinkelsbühl
Rokoko-Festspiele – in Ansbach mit Konzerten rund um die Residenz, auch open air.

Taubertal Festival – auf der Eiswiese unter den Stadtmauern Rothenburgs – ein Rock-Event, zu dem Zehntausende kommen.
Quelle Challenge Roth – Triathlon-Festival bei Roth (bei Nürnberg).
★ *St.-Anna-Fest* – ein Volksfest in Forchheim, dessen Atmosphäre Frankenkenner ganz besonders schätzen.

August

Richard-Wagner-Festspiele – den Bayreuth-Besuch lange im Voraus planen, Tickets ordern!
Sandkerwa – beim größten Bamberger Altstadtvolksfest ist das Fischerstechen ein Höhepunkt.

Oktober

Insider Tipp *Internationale Hofer Filmtage* – kein A-Festival, aber es wird seit mehr als 30 Jahren veranstaltet.

Dezember

Christkindlesmarkt – der in Nürnberg ist der größte. Andere sind oft nicht minder stimmungsvoll, z. B. der in Rothenburg.

Ansbach: Rokoko-Festspiele

Kaiserburg und neue Stadtkultur

Die Dürer- und Meistersingerstadt bietet Musik, Museen und Amüsement

 Karte in der hinteren Umschlagklappe

Am aufwändig restaurierten und modernisierten Hauptbahnhof der Industriemetropole Nürnberg **[120 A–B 2–3]** aussteigen und gleich die trutzigen Türme der mittelalterlichen Stadtmauer im Blick haben – welche Halbmillionenstadt bietet das schon? Einer großen Vergangenheit im Zeichen von Kaisern und Patriziern begegnet man ebenso wie einer lebendigen Kultur- und Sportszene.

Wichtigste Stationen der seit dem Jahr 1050 beurkundeten Stadtgeschichte: 1219 bestätigt der Stauferkaiser Friedrich II. die Reichsunmittelbarkeit, 1356 erlässt Kaiser Karl IV. die »Goldene Bulle«, ein Grundgesetz des »Heiligen Römischen Reiches Deutscher Nation«, 1524/25 wird die protestantische Konfession eingeführt. 1806 kommt Nürnberg zum Königreich Bayern, 1835 fährt die erste deutsche Eisenbahn von Nürnberg nach Fürth. Die am 2. Januar 1945 zu 90 Prozent zerstörte Altstadt konnte größenteils wieder aufgebaut werden. Angekündigt ist der Start von

Die Kaiserburg mit dem Heidenturm und dem Zugang zur Doppelkapelle

Schöner Brunnen: der Glücksring

Deutschlands erster vollautomatischer, also fahrerloser U-Bahn.

SEHENSWERTES

Ehekarussell-Brunnen [U B4]
Hans Sachs (1494–1576) inspirierte mit seinem Gedicht »Das bittersüß' ehlich' Leben« zu diesem Bronzebrunnen (1977–84). *Am Weißen Turm/Breite Gasse*

Frauenkirche [U D3]
Als erste Hallenkirche Frankens 1352–61 erbaut. Die Kunstuhr lässt um 12 Uhr die sieben Kurfürsten zum »Männleinlaufen« heraustreten. *Mo–Fr 8–18, Sa 9.30–18.30, So 12.30–19 Uhr; Hauptmarkt*

Kaiserburg [U C–D1]
★ Wichtige Residenz der deutschen Kaiser mit Palast, romanischer

Objekte von 30 000 v. Chr. bis heute: das Germanische Nationalmuseum

Doppelkapelle, Kaisersaal und Sinwellturm. Das Museum zur Burggeschichte zeigt eine exzellente Waffensammlung. Neben dem reichsstädtischen Luginslandturm baute Hans Behaim d. Ä. 1494/95 die Kaiserstallung – heute eine herrliche Jugendherberge. ❀ Von der sogenannten Burgfreiung hat man den besten Ausblick auf die Altstadt. *April–Sept. tgl. 9–18, Okt. bis März 10–16 Uhr*

Schöner Brunnen [U C3]
Die fast 20 m hohe, achteckige Steinpyramide ist dekorativ mit Propheten, Fürsten und antiken Helden geschmückt (Originale im Germanischen Nationalmuseum). Im kunstvollen Gitter ein beweglicher goldener Ring – ihn zu drehen bringt Glück, sagt man. *Hauptmarkt*

St.-Lorenz-Kirche [U D4]
Südlich der Pegnitz entstand seit etwa 1270 die St.-Lorenz-Kirche mit der Verkündigungsgruppe von Veit Stoß (Englischer Gruß) und dem 20 m hohen Sakramentshaus von Adam Kraft. *Mo–Sa 9–17, So 13–16 Uhr, Lorenzer Platz*

St.-Sebaldus-Kirche [U C2]
Großartiger romanisch-gotischer Bau (begonnen um 1230). Das Grabmonument für den Stadtpatron Sebaldus schuf Peter Vischer. *Jan.–März tgl. 9.30–16, April, Mai, Okt.–Dez. 9.30–18, Juni–Sept. 9.30–20 Uhr, Sebalder Platz*

Tiergarten [120 B2]
Großer Landschaftszoo. Von Ostern bis Oktober fährt die Kleinbahn »Adler«, eine Nachbildung der ersten deutschen Eisenbahn. *April bis Sept. tgl. 8–19.30, Okt.–März 9–17 Uhr, im Stadtteil Zerzabelshof*

Vorstadt St. Johannis [120 A2]
Westlich vom Hallertor aquarellierte der junge Albrecht Dürer seine

ersten Landschaftsbilder. Bei der Hallerwiese liegt malerisch »Klein-Venedig«. Auf dem St.-Johannis-Friedhof ruhen u. a. Dürer und Veit Stoß. *Okt.–März tgl. 8–17, April bis Sept. 7–19 Uhr, Johannisstraße*

Weinstadel [U B–C3]
Das ehemalige Aussätzigenasyl, das später als Weinlager genutzt wurde, ist einer der größten deutschen Fachwerkbauten (von 1448).

MUSEEN

Albrecht-Dürer-Haus [U C2]
Die letzten zwei Jahrzehnte seines Lebens (1509–28), wohnte der Meister in diesem um 1420 erbauten Haus, das im Zweiten Weltkrieg nur beschädigt wurde. Originelle Führungen mit Multivision und Museumstheater: das Historical »Hausgeflüster« mit Dürers Ehefrau *(Termine: www.museen.nuernberg.de). Di–So 10–17, Do bis 20 Uhr (Juli bis Sept. u. Dez. auch Mo), Albrecht-Dürer-Str. 39, am Tiergärtnertor*

Zu allen Dürer-Stationen der Stadt führt ein *Personal Digital Assistant (PDA)*, ein elektronischer Reiseführer. Ausleihbar Di–So 10 bis 15 Uhr im Nationalmuseum oder im Dürer-Haus. *20 Euro (inkl. Eintritt), www.duerer.nuernberg.de*

Faszination und Gewalt [120 A3]
Im *Dokumentationszentrum Reichsparteitagsgelände* befindet sich eine wichtige Ausstellung zur NS-Zeit und zur Geschichte des Reichsparteitagsgeländes. *Mo–Fr 9–18, Sa/So 10–18 Uhr, Bayernstr. 110*

Germanisches Nationalmuseum [U C5]
★ Weltberühmte Sammlung zur deutschen Kultur und Kunst (u. a. Albrecht Dürer, Veit Stoß, Tilman Riemenschneider). *Di–So 10–18, Mi bis 21 Uhr, Kartäusergasse 1, www.gnm.de*

Museum Industriekultur [120 A2]
🏃 Geschichte der Industrie in einer ehemaligen Fabrik mit Motorrad-

MARCO POLO Highlights »Nürnberg«

★ **Kaiserburg**
Hier gingen die Staufer aus und ein, und Kaiser Karl IV. erließ die »Goldene Bulle« (Seite 27)

★ **Neues Museum – Staatliches Museum für Kunst und Design**
Faszinierende Rückschau auf Kunst und die Dinge des Alltags (Seite 30)

★ **Germanisches Nationalmuseum**
Von Martin Behaims »Erdapfel« bis zur neuen »Straße der Menschenrechte«: Kultur, die uns angeht (Seite 29)

★ **Trempelmarkt**
Zweimal im Jahr wird die Altstadt zum bunten Flohmarkt (Seite 31)

und Schulmuseum. Interessante Abteilungen: »Alles Elektrisch«, »Technikrevue der Telekommunikation«. Dazu gibt's ein Museumskino, ein Café und für Kinder ein Lern- und Spaßlabor. *Di–Fr 9–17, Sa/So 10–18 Uhr, Äußere Sulzbacher Str. 62*

Museum Tucherschloss **[U E1–2]**
Eine Insel der Renaissancekultur – mit dem kostbaren Hirsvogelsaal im Gartenhaus. *Mo 10–15, Do 13–17, So 10–17 Uhr, Hirschelgasse 9–11*

**Neues Museum –
Staatliches Museum
für Kunst und Design** **[U D5]**
★ Ein hochkarätiges Doppelmuseum, das eine faszinierende Designsammlung vom VW von 1945 bis zum Erdbeobachtungssatelliten beherbergt. *Di–Fr 10–20, Sa/So 10–18 Uhr, Luitpoldstr. 5*

Im Verkehrsmuseum: Nachbau der ersten deutschen Eisenbahn »Adler«

Spielzeugmuseum **[U C3]**
Ein Erlebnis für alle Jahrgänge, von Teddybären und Zinnfiguren bis zum Barbie-Boom. Große Modelleisenbahnanlage. Die Spielzone *Kids on Top* finden Kinder unterm Dach. *Di–Fr 10–17, Sa/So 10–18 Uhr, Dez. auch Mo 10–17 Uhr, Karlstr. 13–15*

Stadtmuseum Fembohaus **[U D2]**
Berühmte Nürnberger unterhalten sich über Generationen hinweg, die Multivision »Noricama« lädt ein zur Zeitreise durch die Geschichte Nürnbergs. *Di–Fr 10–17, Sa/So 10–18 Uhr, Burgstr. 15*

Verkehrsmuseum **[U C6]**
🏃 Zwei Museen in einem: Das *DB-Museum* zeigt die Geschichte der Eisenbahn u. a. mit vielen Originalfahrzeugen. Im *Museum für Kommunikation* sind Verkehr und Nachrichtentechnik von der Postkutsche bis zur Internetstation dargestellt. *Di bis So 9–17 Uhr, Lessingstr. 6*

ESSEN & TRINKEN

Albrecht-Dürer-Stube **[U C2]**
Traditionell fränkisches Lokal. *Tgl. (Mo–Fr nur abends), Albrecht-Dürer-Str. 6, Tel. 0911/22 72 09*, €–€€

Bistro Café ARTE im Germanischen Nationalmuseum **[U C5]**
🏃 Täglich wechselnde Mittagsgerichte, Kaffee und Kuchen. *Mo geschl., Kartäusergasse 1, Tel. 0911/133 12 86*, €€

Essigbrätlein **[U C2]**
Die hochkarätige junge Küchenbrigade serviert internationale Küche. *So/Mo geschl., Weinmarkt 3, Tel. 0911/22 51 31*, €€€

Bratwurst in Nürnberg: klein, würzig und zur Stärkung einfach ein Muss

Kettensteg   [U C3]
Urgemütlich, im Sommer auch im
Freien am Fluss. *Tgl., Maxplatz 35,
Tel. 0911/22 10 81, €€*

Zum Gulden Stern   [U B5]
Die »Historische Bratwurstküche«
(seit 1419) ist eine der besten
Adressen für die Nürnberger Rost-
bratwurst. *Tgl., Zirkelschmiedsgas-
se 26, Tel. 0911/205 92 88, www.
bratwurstkueche.de, €€*

EINKAUFEN

Die *Kaiserstraße* ist die noble Ein-
kaufsmeile. In der Königstraße findet man die großen Kaufhäuser, im
Handwerkerhof Nürnberg am Königstor (beim Bahnhof) viele Kunst-
handwerks- und Souvenirläden in
nachgestellter historischer Kulisse.

E + R Kistner   [U C2]
Alte Stadtansichten, Landkarten
und antiquarische Bücher in edler
Auswahl. *Weinmarkt 6*

Puppendoktor   [U C2]
Winziger Laden mit vielen Schöp-
fungen der Puppenmacherin Rose
Weihreter. *Mo–Fr 11–18 Uhr; Unte-
re Krämersgasse 16*

Trempelmarkt   [U C3]
★ Im Mai und September: großer
Flohmarkt in der Altstadt.

ÜBERNACHTEN

Agneshof   [U C2]
Nahe dem Dürer-Haus, garni, mit
Gartenhof, Whirlpool, Sauna. *74 Zi.,
Agnesgasse 10, Tel. 0911/21 44 40,
Fax 21 44 41 44, €€ – €€€*

Burghotel Stammhaus   [U D2]   Insider Tipp
Im Burgviertel, mit Schwimmbad,
garni. *22 Zi., Schildgasse 16, Tel.
0911/20 30 40, Fax 22 65 03,
www.burghotel-stamm.de, €€*

Jugendhotel Nürnberg   [120 A2]
Außerhalb, mit guter Verkehrsan-
bindung. *140 Betten (Mehrbettzi.),*

Figurenpyramide des Schönen Brunnens vor der Frauenkirche

Rathsbergstr. 300, Buchenbühl, Tel. 0911/521 60 92, Fax 521 69 54, €

Le Meridien Grand Hotel [U E5]
Bestes Haus am Platz, vis-a-vis vom Bahnhof. Jugendstildekor, exzellente Küche. *186 Zi., Bahnhofstr. 1–3, Tel. 0911/232 20, Fax 232 24 44, www.grand-hotel.de, €€€*

Schindlerhof [120 A2]
Landhotel mit kreativer Küche und frischem Design. *95 Zi., Steinacher Str. 6–8, Boxdorf (nördl. der Stadt), Tel. 0911/930 20, Fax 930 26 20, www.schindlerhof.de, €€€*

FREIZEIT & SPORT

Norisring [U F3–4]
Seit 1947 bieten die »200 Meilen von Nürnberg« Rennsport der Extraklasse. Man kann beim Training zusehen. Info und Karten: *MotorSportClub Nürnberg, Äußere*

Sulzbacher Str. 98, Tel. 0911/ 59 70 51, Fax 59 70 52

Radrundfahrten
Geführtes Radeln u. a. nach Mögeldorf, St. Johannis und ins Knoblauchland. *Infos s. Auskunft*

AM ABEND

Hirsch [U D5]
Beliebte Disko. *Fr–Sa u. vor Feiertagen 22–5, So–Do 19–2 Uhr, Biergarten Do–So 18–24 Uhr, Vogelweiherstr. 66, Tel. 0911/ 42 94 14, www.der-hirsch.de*

Jazz Studio Nürnberg e. V. [U D1]
Gute Szeneadresse. *Paniersplatz 27–29, Tel. 0911/36 42 97*

Kulturzentrum K4 [U D5]
Treffpunkt der jungen Generation: Disko *Don't Panic, Fr–Sa 22–4 Uhr, Königstr. 93, Tel. 0911/22 36 47*

Loom [U E4]
Treff für Cocktailfans und Wasserpfeifengenießer, gleich neben dem Cinecittà/Imax. *So–Do 9–1, Fr/Sa 9–2 Uhr, Katharinengasse 14, Tel. 0911/200 75 45, www.loom-bar.de*

Meistersingerhalle [120 A2]
Kongress- und Kulturzentrum, Konzerte. *Münchner Str. 21, Tel. 0911/ 231 80 00, Fax 231 80 16*

Staatstheater Nürnberg [U C6]
Opern- und Schauspielhaus. *Richard-Wagner-Platz 2–10, Kartenreservierung: Tel. 01801/34 42 76*

AUSKUNFT

**Congress- und
Tourismus-Zentrale** [U D6]
Frauentorgraben 3, 90443 Nürnberg, Tel. 0911/233 60, Tourist-Information Tel. 0911/23 36-131, Zimmervermittlung Tel. 0911/ 23 36-121, Fax 233 61 66, www. tourismus.nuernberg.de

Nürnberg Card
Zwei Tage freie Fahrt im ÖPNV in Nürnberg und Fürth, viele Museen frei, viele andere Ermäßigungen. *18 Euro, Info-Tel. 0911/283 46 46*

**Tourist-Information
des Verkehrsvereins** [U C–D3]
Hauptmarkt 18 (auch Kartenvorverkauf), Mo–Sa 9–19 Uhr, Tel. 0911/ 233 61 35. Gegenüber dem Hauptbahnhof, am Königstor, Tel. 0911/ 23 36-131 bis -133.
   Unkonventionelle Nürnberg-Streifzüge organisiert der Verein *Geschichte für alle e. V.* (Tel. 0911/ 33 27 35) mit Themen wie »Von der Burg zum Hauptbahnhof« und »Festungsbauer und Fließbandarbeiter – Fremde und Ausländer in Nürnberg«.

ZIELE IN DER UMGEBUNG

Altdorf [120 B3]
Von 1628 bis 1809 Bayerns protestantische Universität. Aus dem Mittelalter und dem 16. Jh. sind stattliche Gebäude erhalten: Besonders schön sind das Rathaus, die Pfarrkirche St. Laurentius, das ehemalige Universitätsgebäude und das Obere Tor. Rundum locken Wälder, Felsschluchten und der idyllische Ludwigkanal. *28 km südöstlich*

Burgenstraße
Über 70 Burgen und Schlössern, darunter etlichen fränkischen, begegnet man auf der Burgenstraße. Schlosshotels oder Schlossrestaurants gibt es in Ansbach, Bamberg, Bayreuth, Coburg, Gößweinstein, Kronach, Kulmbach, Lichtenfels, Roth und Schloss Rabeneck. Auskunft: *Arbeitsgemeinschaft »Die Burgenstraße«, Rathaus, Heilbronn, Tel. 07131/56 22 83, Fax 56 31 40*

Cadolzburg [119 F2]
Hoch über dem Städtchen Cadolzburg richteten sich die Nürnberger Hohenzollern-Burggrafen eine zweite Residenz ein, als Nürnbergs Bürger sie aus ihrer freien Reichsstadt verdrängten. 1945 wurde der Bau durch einen Brand zerstört. Mit dreifachem Mauerring, Torturm, Vorburg und Hauptburg ist das eindrucksvolle Ensemble in Teilen zugänglich. *24 km nordwestlich*

Erlangen [120 A1–2]
Unter den mittelalterlich verwinkelten Altstadtlandschaften Frankens ist Erlangens (101 000 Ew.)

»Neustadt« mit ihrem geometrischen Straßennetz die Ausnahme. Markgraf Christian Ernst von Bayreuth ließ die Stadt von 1686 an für hugenottische Flüchtlinge und eigene fürstliche Bedürfnisse bauen. Das Schloss, der Schlossgarten mit dem Hugenottenbrunnen und das Markgrafentheater im Rokokostil erinnern an Erlangens Residenzzeit.

Gleich beim Schloss: die traditionsreiche *Oppelei* (seit 1810), Restaurant und Gasthof (4 Zi.) mit Innenhofgarten *(Halbmondstr. 4, Tel. 09131/215 62, €€).* Individuelle Gastlichkeit zeichnet das *Hotelchen am Theater* aus *(12 Zi., Theaterstr. 10, Tel. 09131/808 60, Fax 80 86 86, www.hotelchen-am-theater.de, €€).* Auskunft: *Rathausplatz 1, Tel. 09131/895 10, Fax 89 51 51.* 25 km nördlich

Fürth   [120 A2]

Die kleinere Schwester Nürnbergs (110 000 Ew.) hat das Industriegrau abgelegt, wirkt urban und attraktiv. *Geführte Stadtspaziergänge* führen zur Hornschuchpromenade mit ihren Gründerzeit- und Jugend-

Insider
Tipp

stilbauten, in Parks und Museen, zu Prominenten-Geburtshäusern (z. B. Henry Kissingers) und in die Altstadt mit der Biergarten- und Kneipenszene in der Gustavstraße. Bunt gemischte Spezialitätenläden, die *Comödie Fürth* im Kulturzentrum im renovierten Jugendstil-*Berolzheimerianum* von 1906 *(Theresienstr. 1, Tel. 0911/74 92 99 47 u. 749 34 28)* und das kreative Stadttheater kommen noch hinzu. Das jüngst neu etablierte *Rundfunkmuseum* ist das größte Deutschlands. *(Di–Fr 12–17, Sa/So 10–17 Uhr, Kurgartenstr. 37, www.rundfunkmuseum.fuerth.de).*

Ein Hotel mit sonnig beschwingtem Ambiente, Garten und zwei guten Restaurants ist das *Werners (Friedrichstr. 20–22, Tel. 0911/74 05 60, Fax 740 56 30, www.werners-hotel.de, €€– €€€).* Auskunft: *Bahnhofplatz 2, Tel. 0911/740 66 15, Fax 740 66 17, www.fuerth.de.* 9 km nordwestlich

Hersbruck   [120 C2]

Das malerische Städtchen (12 000 Ew.) ist der Hauptort der »Hersbru-

---

Triathlon-Hochburg Roth

Es muss nicht immer der »Ironman« sein

Triathlon in Roth ist wie Tennis in Wimbledon«, befand die »Frankfurter Allgemeine Zeitung«. Das soll auch so bleiben, doch heißt das Fest der sportlichen Ausdauer beim Frankenstädtchen Roth nicht mehr »Ironman«, sondern »Quelle Challenge Roth«, denn der amerikanische »Ironman«-Lizenzgeber hatte seine Geldforderung steil hochgeschraubt. Außer Triathleten aus 30 Ländern erwartet Roth rund 100 000 Zuschauer. 3,8 km schwimmen, 180 km Rad fahren, 42 km laufen – die Besten schaffen es in weniger als acht Stunden. Die jeweils aktuellen Termine finden sich unter *www.challenge-roth.com.*

cker Schweiz« mit den bizarren Felsen des Pegnitztals. Im *Deutschen Hirtenmuseum* werden Hirtengewänder, Musikinstrumente der Hirten und Herdengeläute aus aller Welt gezeigt *(Di–So 10–12 u. 14–16 Uhr; Eisenhüttlein 7, Tel. 09151/21 61).*

Westlich von Hersbruck, in *Reichenschwand,* verwöhnt Manfred Burr in seiner *Entnstub'n* im Schloss Reichenschwand die Gäste mit mediterran gestimmter Küche *(Di–Sa ab 18.30 Uhr; Reservierung empfohlen, Schlossweg 12, Tel. 09151/86 93 40, Fax 86 93 90, €€ – €€€). 32 km östlich*

Lauf an der Pegnitz   [120 B2]
Der hoch aufragende Turm der gotischen St.-Johannis-Kirche, der Marktplatz mit dem behäbigen Alten Rathaus und die Stadttore geben dem gemütlichen Städtchen (24 000 Ew.) ein schönes Ambiente; das Wenzelschloss (auch »Kaiserburg« genannt) auf einer Pegnitzinsel lohnt die Besichtigung. *17 km östlich*

Roth   [120 A4]
Christbaumschmuck wird hier seit Jahrhunderten produziert, Gold- und Silberdraht zu Litzen und Tressen verarbeitet, ein Handwerk, das hugenottische Flüchtlinge nach Roth (25 000 Ew.) brachten – heute ist es auch in Weißenburg zu Hause. Im Rother *Fabrikmuseum* wird dieses sogenannte »leonische Gewerbe« gezeigt *(April–Anfang Okt. Di–So 13–17 Uhr; Otto-Schrimpff-Str. 16).*

Im Schloss Ratibor, das auch die Touristinformation beherbergt, tafelt man im *Restaurant Ratsstuben (Do–Di 11–14 u. 17–22 Uhr;*

Roth: Im Jagdschloss Ratibor wird auch heutzutage fürstlich gespeist

Hauptstr. 1, Tel. 09171/85 35 85, €€€). 32 km südlich

Schnaittach   [120 B2]
In Deutschland einzigartig ist das Ensemble aus Synagoge (von 1570), Rabbinerhaus und Ritualbad. Das *Jüdische Museum Franken (Sa/So 11–17 Uhr; Museumsgasse 12–16)* zeigt eine ständige Ausstellung zur Geschichte und Kultur des fränkischen Landjudentums und außerdem gute Sonderausstellungen. *30 km nordöstlich*

Schwabach   [120 A3]
Weiträumig öffnet sich der Markt, einer der schönsten ganz Frankens, vor dem Rathaus mit Arkaden und Fachwerkobergeschoss, prächtig ist der Schöne Brunnen. Kostbarster Kunstbesitz der Stadt (37 000 Ew.) in der Pfarrkirche St. Johannes und St. Martinus: ein großartiger spätgotischer Hochaltar. *22 km südlich*

Römerkastelle und die Romantische Straße

Wanderungen zwischen Altmühl, Tauber und Pegnitz, durch Naturparks und das Fränkische Seenland

Westlich von Nürnberg erstrecken sich die sanften Hügel der Naturparks Steigerwald und Frankenhöhe. Mittelpunkt des Romantischen Frankens, wie sich diese Urlaubsregion ganz zu Recht nennt, ist die Residenzstadt Ansbach. Im Naturpark Frankenhöhe fließt die Tauber durch eins der idyllischsten Täler Frankens. Unverfälscht, wie von Albrecht Dürer gemalt, duckt sich manches kleine Dorf in den Taubergrund. Auf einem Bergsporn darüber der Inbegriff altdeutscher Stadtbaukunst: Rothenburg ob der Tauber. Die Nachbarn brauchen sich keineswegs zu verstecken: Feuchtwangen und Dinkelsbühl sind beliebte Stationen an der Romantischen Straße.

Die Altmühl, in ihrem Oberlauf ein freundlicher Wiesenbach, lädt ein zum Wandern, Radwandern und Bootfahren. Im heutigen Naturpark Altmühltal ist in Weißenburg ein interessantes Beispiel römischer Alltagskultur auf deutschem Boden zu besichtigen: das

Hochsommer im Seenland

rekonstruierte Legionslager *Biriciana*. Nicht weit davon entstand in den letzten eineinhalb Jahrzehnten Frankens jüngste Urlaubsregion, das Fränkische Seenland. Viel Platz für Surfer, Segler und Schwimmer: Allein der Große Brombachsee übertrifft mit seinen 8,7 km^2 den Tegernsee um ein gutes Stück. Der Altmühlsee ist größer als beispielsweise der Königssee.

1500 km ausgebaute Radwege, 1800 km markierte Wanderwege, dazu Reiten und im Winter Schlittschuhlaufen gehören zum Urlaubsangebot. Damit der Urlaubsbetrieb nicht das Aus für die einheimische Vogelwelt bedeutet, ist für eine Schutzzone gesorgt, eine 120 ha

Am Altmühlsee: Hier urlauben Angler, Segler und Badelustige

Ansbach: moderner Brunnen vor der Markgräflichen Residenz (18. Jh.)

große Vogelinsel mit Schilfgürtel, auf der viele selten gewordene Arten nisten. Von Beobachtungstürmen aus darf man ihnen zusehen.

ANSBACH

[119 E3–4] Den Charme einer kleinen Rokokoresidenz hat sich die Stadt (40 000 Ew.) im Tal der Rezat bis heute erhalten. Stadtpatron Gumbertus gründete 748 ein Benediktinerkloster, 1331 erwarben die Hohenzollern, Burggrafen von Nürnberg, die Rechte an Stadt und Stift. 1456 machten sie Ansbach zu ihrer Residenz. Noch immer lässt ein Glockenspiel in der Fußgängerzone die Melodie des Hohenfriedberger Marschs erklingen. Seit 1806 Bayern zugehörig, nennen sich die Ansbacher manchmal noch die »besten Preußen Bayerns«. In der sorgsam renovierten Altstadt kann man gut promenieren.

SEHENSWERTES

Anscavallo und Ansbacchantin
Witzig-surreale Metallskulpturen von Jürgen Goertz auf dem Platz vor der Residenz.

Gumbertuskirche
Die charakteristische Drei-Turm-Fassade ist ein Wahrzeichen Ansbachs. Seit dem Mittelalter immer wieder verändert, birgt die ehemalige Stiftskirche die *Schwanenritterkapelle,* mit reichen Erinnerungen an diesen Orden, den die brandenburgischen Kurfürsten gegründet hatten, um die adligen Herren enger an sich zu binden. Die romanische Krypta wurde erst 1934 wieder entdeckt, dort ist seit 1976 auch die *Markgrafengruft* mit den historisch aufschlussreichen Sarkophagen eingerichtet. *Fr, Sa, So 15 bis 17, So auch 11–12 Uhr, Okt. bis Mai nur im Rahmen von Stadtführungen*

Markgräfliche Residenz

★ Aus einer Wasserburg des 15. Jhs. entstand das Vierflügelschloss mit den Prunkräumen im »Ansbacher Rokoko«. Höhepunkte der einstündigen Führung durch 27 Säle und Salons sind der Kachelsaal mit 2800 bemalten Fliesen und das Spiegel- und Porzellankabinett. Das Schloss ist auch Sitz der Regierung von Mittelfranken. Im Arkadenhof sommerliche Konzerte. *Führungen April–Sept. Di–So stdl. 9–17, Okt. bis März Di–So 10–15 Uhr*

Orangerie und Hofgarten

Gartenschloss nach französischem Vorbild, 1730 erbaut und nach seiner Zerstörung 1960 erneuert, mit Café-Restaurant sowie Tagungs- und Konzertsälen. Im Park erinnert ein Gedenkstein an Kaspar Hauser, der – möglicherweise ein badischer Prinz – hier 1833 erstochen wurde: »Hic occultus occulto occisus est« (Hier wurde ein Unbekannter von einem Unbekannten getötet).

Synagoge

Eine der wenigen unzerstört erhaltenen Synagogen, mit schöner Ausstattung der Barockzeit, 1744–46 von Leopoldo Retti erbaut. *Rosenbadstr. 3, Besichtigung auf Anfrage und bei Stadtführungen*

MUSEUM

Markgrafenmuseum

An einem Rest der Stadtmauer in einem historischen Gebäude untergebracht, mit Zeugnissen zur Geschichte der Hohenzollern und einer Kaspar-Hauser-Sammlung. *Mai bis Sept. tgl. 10–17 Uhr (Jan.–April nur Di–So), Kaspar-Hauser-Platz 1*

Insider Tipp

ESSEN & TRINKEN

Kaeßer

Der Landgasthof vor der Stadt (20 Zi.) serviert u. a. Fleisch aus Hausschlachtung. *Sa geschl., Brodswinden 102, Tel. 0981/97 01 80, www.landgasthof-kaesser.de, €€*

MARCO POLO Highlights »Mittelfranken«

★ **Markgräfliche Residenz**
Die »Wiege Preußens« in Ansbach zeigt schönstes Rokoko (Seite 39)

★ **Naturpark Altmühltal**
Liebliche Talauen, Wander- und Radwege, Steinbrüche, Kletterberge und Schafherden (Seite 44)

★ **Rothenburg ob der Tauber**
Märchenstadt zum Verlieben (Seite 46)

★ **Museum 3. Dimension**
Was sieht man, wenn man sieht? Dinkelsbühls originelles Museum macht Besucher schlauer (Seite 42)

★ **Fränkisches Seenland**
Attraktiv für Surfer, Segler und Badelustige (Seite 43)

★ **Römermuseum**
Weißenburg: römisches Silber, erst 1979 ans Licht gebracht (Seite 45)

Kronacher
Regionale Spezialitäten. Biergarten. *Di geschl., Kronacher Str. 1, Tel. 0981/977 78 90,* €€

Museumsstube
Klein und familiär. *So geschl., Schaitbergerstr. 16, Tel. 0981/ 988 98,* €€

Schwarzer Bock
Gepflegte Küche in rustikalem Ambiente. Atriumgarten. *Tgl., Pfarrstr. 31, Tel. 0981/42 12 40, www. schwarzerbock.com,* €€€

ÜBERNACHTEN

Am Drechselsgarten
↘↗ Schöne Lage über der Stadt, Panoramarestaurant. *85 Zi., Am Drechselsgarten 1, Tel. 0981/890 20, Fax 890 26 05, www.drechselsgar ten.bestwestern.de,* €€ – €€€

Augustiner
In Bahnhofsnähe, ordentlich geführt. *12 Zi., Karolinenstr. 30, Tel. 0981/24 32, Fax 24 13,* €

Bürger-Palais
Im historischen Barockhaus, 100 m vom Schloss. *12 Zi., Neustadt 48, Tel. 0981/951 31, Fax 956 00, www.hotel-buerger-palais.de,* €€

Ferienhaus Höllbachtal
Altes Bauernhaus mitten in Wald und Feld. Familiengerecht, Grill- und Spielplatz. *8 Schlafräume, Oberdombach 22, Tel. 09823/92 69 12, helge.guether@t-online.de,* €

Der Platengarten
Ausstattung mit Antiquitäten. *20 Zi., Promenade 30, Tel. 0981/97 14 20, Fax 971 42 42,* €€

Rangau
Kinderfreundlich, mit Biergarten. *20 Zi., Laurentiusstr. 5, Elpersdorf, Tel. 0981/615 51, Fax 461 62 30,* €€

FREIZEIT & SPORT

Freizeitbad Aquella
Hier wird nicht nur gebadet, sondern von der Riesenrutsche bis zur Sauna und zum Römischen Dampfbad viel geboten. *Am Stadion 2, Tel. 0981/977 86 70*

Kart-Center Franken (CKF)   [119 E3]
Rennspaß für jedermann, auch für Kids, mit vielen Sonderveranstaltungen, Kursen etc. *Äußere Ansbacher Str. 3, Weihenzell, Tel. 09802/805 08, www.kart-center-franken.de. 7 km nördlich*

AM ABEND

Regelmäßig Theater und Musik im *Borkholder Haus (Promenade 29, Tel. 0981/97 04 00)* sowie zwei Kinos im *Studiokino (gleiche Adresse).* Gemütlich bei einem Glas Wein sitzt man in *Eugens Weinstube (Pfarrstr. 35, Tel. 0981/947 47),* schick in *Tanz-Club Atlantis* des Hotels Am Drechselsgarten.
🏃 Treffs für Jüngere sind das *Café Klatsch (Kronenstr. 1, Tel. 0981/26 25)* und der alternative *Prinzregent (Würzburger Landstr. 5, Tel. 0981/827 76).*

AUSKUNFT

Amt für Kultur und Touristik
Stadthaus, Nov.–April Mo–Fr 9 bis 12.30 u. 14–17, Mai–Okt. Mo–Fr 9–17, Sa 10–13 Uhr, Johann-Sebastian-Bach-Platz 1, 91522 Ansbach,

Tel. 0981/512 43, Fax 513 65, www.ansbach.de

Bachwoche Ansbach
Alle zwei Jahre, in ungeraden Jahren. *Postfach 607, 91511 Ansbach, Tel. 0981/150 37, Fax 155 01*

ZIELE IN DER UMGEBUNG

Bad Windsheim   [119 D2]
Zu den beiden Naturparks Steigerwald und Frankenhöhe hat man es nicht weit, die ehemalige Freie Reichsstadt (13 000 Ew.) liegt gerade zwischen ihnen. Schöne Altstadt, Heilquellen, 18-Loch-Golfplatz – und das interessante *Fränkische Freilandmuseum* mit Bauernhäusern, Dorfschmieden und Tagelöhneranwesen. *Mitte März bis Sept. Di–So 9–18 Uhr; Juni–Aug. auch Mo, Okt.–3. Advent verkürzte Öffnungszeiten. 32 km nördlich.* Angekündigt für Herbst 2005: eine spektakuläre Thermal-Badeanlage.

Heilsbronn   [119 E–F3]
In der romanischen Kirche des Zisterzienserklosters ist Hohenzollerngeschichte gegenwärtig: mit den Sarkophagen und Grabdenkmälern von Nürnberger Burggrafen, Markgrafen und auch der ersten drei Brandenburger Kurfürsten. Heute finden im Kloster auch Konzerte statt. *Auskunft: Verkehrsamt, Kammereckerpaltz 1, Tel. 09872/80 60, Fax 806 66. 17 km nordöstlich*

Leutershausen   [119 D3–4]
Für Technikfans lohnt der Besuch in dem fast tausendjährigen Städtchen (5300 Ew.) im Oberen Altmühltal doppelt. Hier wurde 1874 Gustav Albin Weißkopf geboren, dem 1901 in Connecticut der erste Motorflug gelang, zwei Jahre vor den Brüdern Wright. »Gustave Whitehead« starb arm in den USA, aber Leutershausen richtete ein *Gustav-Weißkopf-Museum* ein *(Ostern–Okt. Di–Fr 10–12, So u. Mi 14–16 Uhr).* Sonntags öffnet ein Privatsammler im Nachbarort Hetzweiler sein *Motorradmuseum Frankenhöhe (So 10–17 Uhr; Weiherstr. 16). 13 km westlich*

Naturpark Frankenhöhe   [118–119 C–E 2–4]
Mit über 1100 km^2 Fläche, rund ein Drittel davon Wald, erstreckt sich der Naturpark zwischen dem Raum Nürnberg-Fürth-Erlangen im Osten und der bayerischen Landesgrenze zu Baden-Württemberg im Westen. Eine große Vielfalt von Baumarten, eine reiche Vogelwelt, Schmetterlinge, Unken und Feuersalamander haben hier ihre Lebensräume. Bayerns dünnstbesiedelte Region. Auf den Namen »Radschmetterling« wurden vier Frankenhöhe-Radwanderwege von 35 bis 70 km Länge getauft *(www.frankenhoehe.de).* Auskunft: *Verein Naturpark Frankenhöhe e. V., Landratsamt Ansbach, Crailsheimstr. 1, Ansbach, Tel. 0981/487 56 88, www.naturpark-frankenhoehe.de*

Wolframs-Eschenbach   [119 E4]
Nach dem Minnesänger und Parzival-Dichter, der – um 1170 hier geboren – in der gotischen Liebfrauenkirche begraben liegt, heißt der Ort erst seit 1917. Über 500 Jahre gehörte die kleine Stadt (2800 Ew.) dem Deutschen Orden, der 1623 ein Spätrenaissanceschloss errichtete. Im Alten Rathaus ist das *Wolfram-von-Eschenbach-Museum (April–Okt. Di–So 14–17 Uhr; So a.*

Ein modernes Museum für den Minnesänger Wolfram von Eschenbach

10.30–12 Uhr, Nov.–März Sa/So 13–16 Uhr, www.wolframs-eschen bach.de/museum) untergebracht. *17 km südöstlich*

DINKELSBÜHL

[119 D5] Die schöne alte Reichsstadt an der Wörnitz (11 600 Ew.) ist im Ring ihrer türmereichen Ummauerung ansehnlich erhalten. Tuchweberei und Schmiedekunst brachten im Mittelalter Reichtum, Zerstörung durch den Bombenkrieg blieb Dinkelsbühl erspart. Das Volksfest *Kinderzeche* erinnert an die Rettung vor der Plünderung durch schwedische Truppen im Dreißigjährigen Krieg.

SEHENSWERTES

Der Rundgang führt zuerst zu einer der schönsten süddeutschen Hallenkirchen: zum *Münster St. Georg* mit seinen himmelwärts strebenden Pfeilern und den zierlichen Sakramentshäuschen, dann zum Hotel *Deutsches Haus* mit der prächtigen Renaissancefassade, weiter in das ehemalige *Heilig-Geist-Spital* und zum *Malerwinkel* am Rothenburger Weiher, schließlich durch den Stadtpark an der mittelalterlichen Stadtbefestigung entlang. Kostenlos kann man den Nachtwächter auf seinem Rundgang begleiten *(April–Okt. tgl. 21 Uhr ab St. Georg, Nov.–März nur Sa).*

MUSEUM

Museum 3. Dimension
★ ☆ Eine witzige, zugleich spielerische und modern-informative Präsentation von optischen Täuschungen, Holografien, 3-D-Projektionen und Stereo-Computerspielen. Besucher, Erwachsene wie Kinder, können die Ausstellung nicht nur sehen, sie können selbst die

Optik steuern und verändern. *April bis Sept. tgl. 10–18, Okt. und 26. Dez.–6. Jan. tgl. 11–16, sonst nur Sa/So 11–16 Uhr, Stadtmühle am Nördlinger Tor*

ESSEN & TRINKEN ÜBERNACHTEN

Hotel Blauer Hecht
Wohlfühlkomfort im behaglichen Ambiente jahrhundertealter Mauern. Restaurant, Hallen- und Dampfbad. *44 Zi., Schweinemarkt 1, Tel. 09851/58 10, Fax 58 11 70, www. blauer-hecht.de, €€– €€€*

AUSKUNFT

Touristik Service Dinkelsbühl
Marktplatz, 91550 Dinkelsbühl, Tel. 09851/902 70, Fax 902 79, www. dinkelsbuehl.de

FRÄNKISCHES SEENLAND/ALTMÜHLTAL

»Wasser, Wälder, Gastfreundschaft« heißt das Motto der Urlaubslandschaft südlich von Nürnberg. Dahinter wächst eine touristische Erfolgsgeschichte. Im ★ *Fränkischen Seenland* **[119 E–F 4–5]** stehen heute rund 9000 Gästebetten bereit, 2 Mio. Übernachtungen zählt man in einem Jahr – zehnmal so viel wie zwei Jahrzehnte zuvor. Das Wasser hat's gebracht: Die Überleitung von Altmühl- und Donauwasser in das Regnitz-Main-Gebiet bei Nürnberg mit höherem Wasserbedarf ermöglichte einen hochwillkommenen Nebeneffekt.

Fünf neue Seen für Badelustige, Segler, Surfer und Angler konnten geschaffen werden: *Altmühlsee, Rothsee, Igelsbachsee, Kleiner und Großer Brombachsee.* Wald und erholsame Landschaft sind im Umkreis reichlich vorhanden. Sogar Schifffahrtslinien gibt es auf dem Altmühlsee und dem Großen Brombachsee, der mit 8,7 km^2 Wasserfläche der größte der fünf Seen ist. Zur Vogelschutzinsel auf dem Altmühlsee werden Führungen veranstaltet, auch für Kinder.

Die ganze Fülle der Ferienangebote und Urlaubseinrichtungen erschließt der Prospekt »Urlaubs ABC – Sehenswertes, Sport, Erholung, Freizeit«, anzufordern beim Tourismusverband Fränkisches Seenland in Gunzenhausen *(s. S. 106).* Dieser arbeitet eng mit der Zentralen Tourist-Information Naturpark Altmühltal in Eichstätt *(s. S. 105)* zusammen.

ZIELE IN DER UMGEBUNG

Ellingen **[120 A5]**
Deutschordensritter der »Fränkischen Ballei« (so nannte man diese Ordensprovinz) bauten nicht nur das prachtvolle Renaissanceschloss (später barock umgestaltet), sondern prägten mit Rathaus, Pfarrkirche und Spital auch das bis heute barock-idyllische Stadtbild (3700 Ew.). *Schloss mit Deutschordensmuseum und Ausstellung Kulturzentrum Ostpreußen: April–Sept. Di–So 9–18, Okt.–März 10–16 Uhr*

Gunzenhausen **[119 E5]**
Das schöne Ortsbild mit alten Bürgerhäusern und die große Auswahl an Hotels, Gasthöfen, Ferienhäusern und -wohnungen samt Jugendherberge, dazu das beheizte *Waldbad am Limes,* das Badefreizeitzen-

trum *Juramare* und der nahe Altmühlsee machen Gunzenhausen attraktiv für Wassersportler und Familien sowie als Standquartier für Radtouren und Wanderungen. Gunzenhausen hat auch eine römische Vergangenheit, auf antiken Resten wurde die heute evangelische Kirche erbaut (1448).

Ein komfortables Quartier ist die ehemalige Reichsposthalterei (seit 1656): *Hotel zur Post (26 Zi., 1 Suite, Bahnhofstr. 7, Tel. 09831/674 70, Fax 674 72 22, €€, Restaurant So abends und Mo geschl., €€).* Auskunft: *Marktplatz 25, Tel. 09831/50 83 00, Fax 50 81 79, www.gunzenhausen.de*

Naturpark Altmühltal   [120 A–C 5–6]

★ Einer der größten Naturparks Deutschlands (2908 km^2) längs des Altmühltals schließt auch das nichtfränkische *Eichstätt* ein, eine ansehnliche Barockstadt mit prächtigem Dom und der stattlichen *Willibaldsburg (www.eichstaett.de).* In der Wacholderlandschaft bei Solnhofen ragen die Felsen *Zwölf Apostel* auf, bei *Laubenbuch* steht ein urwüchsiger Eichen-Hainbuchen-Wald. Höhlen und alte Steinbrüche ziehen Hobbygeologen an. An fünf Stellen im Naturpark ist das zünftige Sammeln von Fossilien erlaubt (Sonderprospekt »Fossilien und Geologie – Naturpark Altmühltal«).

Pappenheim   [120 A6]

Auf einem Bergsporn über der Altmühl ist die *Burg* der Reichsgrafen von Pappenheim (11./12. Jh.) zu besichtigen *(Mai–Sept. tgl. 9–18, April, Okt., Nov. 10–17 Uhr, Falkenvorführungen Sa/So).* Ihr zu Füßen zeigt das Residenzstädtchen (4300 Ew.) der Pappenheimer, heute Luftkurort, sehenswerte Kirchen, darunter die romanische St.-Gallus-Kirche (9. Jh., gilt als ältester Kirchenbau Frankens), sowie das Alte Schloss und das von Leo von Klenze erbaute Neue Schloss.

Bootswandern im Naturpark Altmühltal: Das können auch Ungeübte

Solnhofen [120 A6]

Von Henri de Toulouse-Lautrec bis zu Marc Chagall nutzten Künstler die Erfindung Aloys Senefelders, mit Solnhofener Kalkschieferplatten zu drucken. Wegen ihrer Härte und Feinkörnigkeit sind sie bestens für die Lithografie, den Steindruck, geeignet, aus dem sich dann der moderne Offsetdruck entwickelte. Versteinerungen von Ammoniten, Kugelzahnfischen und Urvögeln im Solnhofener Kalk zeigt das *Bürgermeister-Müller-Museum (Bahnhofstr. 8, April–Okt. tgl. 9–17, Nov. bis März So 13–16 Uhr oder nach Vereinb., Tel. 09145/83 20 30).*

In Solnhofen (1850 Ew.) stehen als frühes christliches Zeugnis bei der evangelischen Pfarrkirche die renovierten Reste der Sola-Basilika, im frühen 9. Jh. erbaut und nach einem Mönch benannt, der als Schüler des Bonifatius missionierte.

Weißenburg [119 F5]

Der Ort ist als »Römerstadt« bekannt, seit 1979 der »Weißenburger Römerschatz« gefunden wurde. Weißenburg in Bayern (18 000 Ew.) mit seinem Mauerring (noch 38 Türme!) lädt ein zum Rundgang durch eine gut erhaltene historische Stadtlandschaft. Es liegt an der Touristikroute »Deutsche Limes-Straße«. Die Kirche St. Andreas ist ein Hauptwerk der Gotik. Die Karmeliterkirche wurde zu einem Kulturzentrum umgebaut. Sehr schön ist auch das Ellinger Tor.

Das interessanteste Kulturdenkmal ist natürlich das *Castellum Biriciana*, eine Verteidigungsanlage des »Rätischen Limes« aus dem 1. Jh. n. Chr., mit dem 1989/90 rekonstruierten Nordtor. Im Umkreis die *Regio Biriciana* mit Limesspuren, rö-

Schätze aus dem 2. und 3. Jh. birgt Weißenburgs Römermuseum

mischen Gutshöfen und Resten anderer Kastelle. Das ★ *Römermuseum* ist die wichtigste Ergänzung zum Biriciana-Rundgang – zu bewundern ist u. a. der etwa 120 Objekte umfassende römische Schatzfund aus dem Jahr 1979 *(während der Saison tgl. 10–12.30 u. 14–17 Uhr, Martin-Luther-Platz 3).* Im Römermuseum konnte 2006 das *Bayerische Limes-Informationszentrum* eröffnet werden, nachdem der römische Limes Welterbe-Status erhalten hat *(Mo–Do 9–12.30 und 14–17 Uhr, Fr 9–12.30).*

Neben dem Römermuseum befindet sich das *Amt für Kultur und Touristik, Tel. 09141/90 71 24, Fax 90 71 21, www.weissenburg.de.*

Fränkische Gemütlichkeit zu passablen Preisen bieten das *Flair Hotel Am Ellinger Tor (27 Zi., Tel. 09141/864 60, Fax 86 46 50, €€)* **Insider Tipp** mit guter Küche und in der Ortsmitte der *Goldene Adler* mit Gartenlokal *(11 Zi., Marktplatz 5, Tel. 09141/855 60, Fax 85 56 33, €).*

Oberhalb von Weißenburg liegt die *Wülzburg*, die Festung der Markgrafen von Brandenburg-Ansbach (16. Jh.), später auch Gefangenen- und Flüchtlingslager *(Füh-*

rungen Mai–Okt. Sa 13–17, So 11–17, in den Pfingst- u. Sommerferien auch Mo–Fr 13–17 Uhr).

ROTHENBURG OB DER TAUBER

 Karte auf Seite 122

[118 C3] ★ Ludwig Richter und Carl Spitzweg entdeckten Rothenburg in seiner malerischen Altertümlichkeit. Im Zweiten Weltkrieg verhinderte der US-Staatssekretär John McCloy in letzter Stunde die Totalzerstörung der bereits schwer angeschlagenen Stadt. Die Rothenburger bauten das Zerstörte neu auf. Innerhalb des Mauerrings mit seinen begehbaren Wehrgängen zeigt die Stadt (12 000 Ew.) so wieder ihr historisches Gesicht. Baugestaltungsordnungen sorgen für die Erhaltung der traditionellen Fassaden, verbannen Plastik und Neonreklamen. In Rothenburg hat selbst McDonald's ein schmiedeeisernes Auslegerschild.

Den besten Überblick gewinnen Sie vom 60 m hohen ☀ *Rathausturm* (Achtung, enger Treppenaufstieg!). Am romantischsten erleben Sie Rothenburg, wenn Sie abends um halb zehn den Nachtwächter auf seiner Runde begleiten oder zeitig am Vormittag durch die Gassen schlendern. Oder stimmt das *Deutsche Weihnachtsmuseum (tgl. 10–17.30 Uhr, Herrngasse 1)* Sie auch im Sommer romantisch?

Am Anfang der Stadtgeschichte stand eine – später durch Erdbeben zerstörte – staufische Kaiserburg. Von 1274 bis 1802 war Rothenburg Freie Reichsstadt. 1631 wurde sie von den kaiserlichen Truppen Tillys erobert und (nach der Legende vom »Meistertrunk« aus dem $3\frac{1}{4}$-Liter-Humpen) vor Plünderung bewahrt. Nach dem Dreißigjährigen Krieg sank die verarmte und durch Seuchen dezimierte Bürgerschaft in einen Dornröschenschlummer. Heute zählt man jährlich rund 500 000 Touristenübernachtungen.

SEHENSWERTES

Burggarten

☀ Schöner Aussichtsplatz über dem Taubertal, an der Stelle der 1356 durch Erdbeben zerstörten Stauferburg. Nur die Blasiuskapelle blieb erhalten.

Franziskanerkirche

Die älteste Kirche der Stadt (um 1285) steht in der Reihe der prächtigen Patrizierhäuser der Herrngasse. Unter den Grabplatten in der Kirche befinden sich die des Ritters Hans von Pufendorf und seiner Frau, der Großeltern Götz von Berlichingens.

Plönlein

Plönlein heißt etwa »kleiner Platz« (von lat. *planum* = Ebene) – dieser hier ist mit dem Siebersturm und dem Turm des Kobolzeller Tors, den Fachwerkfassaden und dem Brunnen davor einer der meistfotografierten Frankens.

Rathaus

Das wieder aufgebaute Rathaus mit der prächtigen Fassade enthält den großartigen gotischen Kaisersaal. Die Bekrönung des noch aus dem 13. Jh. stammenden Turms wurde Mitte des 16. Jhs. angebracht. ☀ *Turm: April–Okt. tgl. 9.30 bis*

Rothenburg: Georgsbrunnen und das Rathaus mit seinem 60 m hohen Turm

12.30 u. 13–17, Dez. tgl. 12–15, Jan.–März, Nov. Sa/So 12–15 Uhr

Spital zum Heiligen Geist

Der große Komplex im Süden der Stadt (ursprünglich außerhalb der Stadtmauern) liegt abseits der größten Touristenströme und ist mit der Rossmühle (1516) – heute eine besonders schöne Jugendherberge –, der Spitalbastei, der Zehntscheune, dem Hegereiterhaus und der Spitalkirche unbedingt besuchenswert.

St.-Jakobs-Kirche

Das architektonisch wertvollste Bauwerk der Stadt, eine hohe, dreischiffige Pfeilerbasilika, enthält auch den größten Kunstschatz: den *Heilig-Blut-Altar* von Tilman Riemenschneider auf der Westempore. Hauptaltar ist der spätgotische *Zwölfbotenaltar* von Friedrich Herlin. Die Jakobskirche wurde seit 1311 erbaut, der Westchor mit dem Riemenschneideraltar und der darin gefassten Reliquie des Abend-

mahlweins zwischen 1450 und 1471. *April–Okt. tgl. 9–17.15, Nov., Jan.–März 10–12 u. 14–16, Dez. 10–17 Uhr, tgl. Führungen, ganzjährig Orgelkonzerte*

MUSEEN

Historiengewölbe

In den Rathausgewölben finden sich Darstellungen der Stadtgeschichte. Im Kaisersaal wird alljährlich das Festspiel »Der Meistertrunk« des Glasermeisters Adam Hörber aufgeführt. Unterhalb der Gewölbe das Verlies, in dem 1408 Bürgermeister Heinrich Toppler starb, den seine Gegner des Landesverrats beschuldigt hatten. *April bis Okt. tgl. 9.30–17.30, während des Weihnachtsmarkts 13–16 Uhr, Eingang im Rathaus-Innenhof*

Mittelalterliches Kriminalmuseum

Zeugnisse der Rechtsgeschichte von 1200 bis 1800; Folter- und Hinrichtungsinstrumente. *April–Okt. tgl. 9.30–18, Nov., Jan., Feb. 14–16, Dez., März 10–16 Uhr, Burggasse*

Reichsstadt-Museum
Fränkische Wohnkultur im ehemaligen Dominikanerinnenkloster. Älteste Klosterküche Frankens (13. Jh.). *April–Okt. tgl. 10–17, Nov. bis März 13–16 Uhr, Klosterhof 5*

ESSEN & TRINKEN

Glocke
Regionale Küche im *Ringhotel Rothenburg*. Eigener Weinbau, Weinproben auch für Einzelgäste. Reservieren! *So abends geschl., Am Plönlein 1, Tel. 09861/95 89 90, €€*

Klosterstüble
Gerichte der gutbürgerlichen Küche. *Mo geschl., Heringsbronnengasse 5, Tel. 09861/67 74, € – €€*

Mittermeier
Hotelrestaurant, junge, frische Küche, persönliche Atmosphäre. *So geschl., Vorm Würzburger Tor 9, Tel. 09861/945 40, www.mittermeier.rothenburg.de, €€*

EINKAUFEN

Gute Keramik finden Sie bei der *Töpferei Ehler (Wenggasse 47)*, Frankenweine gibt es bei *Bocksbeutel (Am Plönlein, zugehörig zum Restaurant Glocke)*. Ständiger Weihnachtsmarkt im »Weihnachtsdorf« bei *Käthe Wohlfahrt (Herrngasse 1)*.

ÜBERNACHTEN

Burghotel
Das richtige Haus für Romantiker. *20 Zi., Klostergasse 1–3, Tel. 09861/*

948 90, Fax 94 89 40, www.burghotel.rothenburg.de, €€€*

Eisenhut
Traditionsreiches Spitzenhotel mit Restaurant. *79 Zi., Herrngasse 3–5/7, Tel. 09861/70 50, Fax 705 45, www.eisenhut.com, €€€*

Raidel
Einfache Pension im Zentrum. *13 Zi., Wenggasse 3, Tel. 09861/31 15, Fax 93 52 55, €*

Reichs-Küchenmeister
Altfränkisches Haus bei der Jakobskirche, angenehmes Restaurant. *45 Zi., Kirchplatz 8, Tel. 09861/97 00, Fax 97 04 09, www.reichskuechenmeister.com, €€ – €€€*

Waldgasthof Wachsenberg
Einfaches Landhausparadies, meist märchenhaft ruhig, am Rand des Dorfs Wachsenberg (100 Ew.), 4 km östlich von Rothenburg, kinderfreundlich mit Obstgarten, Spielplatz. *19 Zi., Wachsenberg 24, Neusitz, Tel. 09861/33 00, Fax 867 89, Restaurant Mi u. Do geschl., €*

FREIZEIT & SPORT

Im *Franken-Freizeit-Bad* gibt es Frei- und Hallenbad, Sauna und Kegelbahnen *(Nördlinger Straße, Tel. 09861/45 65)*, außerdem die *Tennisanlage* am Philosophenweg *(Tel. 09861/78 93)*, die *Reitanlage* am Schwanensee *(Tel. 09861/32 62)* und für Sportflieger den *Flugplatz Rothenburg (Tel. 09861/74 74)*.

AM ABEND

Für den gemütlichen Abend sind die Weinstube *Löchle* im Hotel

Reichs-Küchenmeister *(Kirchplatz 8)* und die *Altfränkische Weinstube (Klosterhof 7, Di geschl.)* zu empfehlen, ebenso die *Rappenschmiede* im Hotel *Zum Rappen* mit Bierbar und am Freitag- und Samstagabend mit Livemusik *(Vorm Würzburger Tor 6).*

🏃 Die Jugend trifft sich mit Vorliebe in der Diskothek *Club 23 (Ansbacher Str. 1).* Für Leute mit »Sinn für Unsinn«: *Figurentheater (Herrngasse 38, Mo–Sa 20 Uhr, Tel. 09861/33 33).* Kino: *Kapellenplatz-Lichtspiele (Kapellenplatz 14, Tel. 09861/46 58).*

AUSKUNFT

Rothenburg Tourismus Service
Marktplatz 22, 91541 Rothenburg o. d. Tauber, Tel. 09861/40 48 00, Fax 40 45 29, www.rothenburg.de

Im Sommer und in der Vorweihnachtszeit ist der Stadtkern von 11 bis 16 und 19 bis 6 Uhr für den Autoverkehr gesperrt. Sonntags Zufahrt nur für Hotelgäste.

ZIELE IN DER UMGEBUNG

Feuchtwangen [119 D4]
»Festsaal Frankens« hat man den schmucken Marktplatz Feuchtwangens (11 000 Ew.) genannt. Von anrührender Kraft ist der Altar des Nürnbergers Michael Wolgemut (1483) in der Stiftskirche des ehemaligen Benediktinerstifts, heute evangelische Pfarrkirche. Vor dem romanischen Kreuzgang finden von Juni bis August »Kreuzgangspiele« als Freilichttheater statt. Vielen alten Handwerken begegnet man im *Fränkischen Museum,* das eine hervorragende Fayencesammlung zeigt *(Mai–Sept. Mi–So 11–17, März/*

April u. Okt.–Dez. Mi–So 14–17 Uhr, Museumsstr. 19).

Stilvoll wohnt man im Romantik-Hotel *Greifen Post,* mit mittelalterlicher Tradition (seit 1369), regionaler Gourmetküche und Hallenbad *(40 Zi., Marktplatz 8, Tel. 09852/ 68 00, Fax 680 68, www.hotel-grei fen.de, €€€). 35 km südöstlich*

Romantische Straße
Zwischen Main und Alpen, Würzburg und Füssen fährt man etliche der schönsten Kilometer der Romantischen Straße durchs Frankenland. Die älteste deutsche Ferienstraße – im Jahr 2005 feierte sie ihr 55-jähriges Jubiläum – wird auch von zwei Europabus-Linien befahren: EB 190 Frankfurt–München und EB 190 A Dinkelsbühl–Füssen. Speziell für Radler ist die rund 360 km lange Romantik-Tour auf Radwegen und auf meist – wenn auch nicht überall! – verkehrsarmen Straßen und Wegen ausgeschildert. Auskunft: *AG Romantische Straße, Waaggässlein 1, Dinkelsbühl, Tel. 09851/55 13 87, Fax 55 13 88, www.romantischestrasse.de*

Schillingsfürst [118 C4]
Über einem Tauber-Seitental steht das Barockschloss Schillingsfürst (1723–50). Teils von der Familie Hohenlohe-Schillingsfürst bewohnt, kann es im oberen Stock besichtigt werden *(März–Okt. tgl. 10, 12, 14, 16 Uhr).* Erhalten ist das Gemach von Kurienkardinal Gustav Adolf zu Hohenlohe-Schillingsfürst, der Mäzen von Franz Liszt war und ihm im Hofgarten ein Denkmal setzte. Schillingsfürst ist Sitz des *Bayerischen Jagdfalkenhofs: Vorführungen März–Okt. tgl. 11 u. 15, Mai–Aug. auch 17 Uhr. 23 km südöstlich*

Vom Domberg zum Festspielhügel

Hohes Mittelalter, barocke Wallfahrten, höfisches Rokoko – und dazu fröhliche Bierfeste

Einige der schönsten deutschen Waldgebirge zwischen Thüringen und dem Nürnberger Raum erwarten ihre Gäste: der Frankenwald, das Fichtelgebirge und die Fränkische Schweiz. Als vierte touristische Region schließt sich das Obere Maintal mit dem Coburger Land an. Auch große Teile des Steigerwalds gehören zu Oberfranken.

Urlauber haben die Wahl zwischen dörflicher Ruhe mit Waldspaziergängen, Badefreuden und Bergwanderungen (Wirtshäuser zur Stärkung liegen oft am Weg) und etlichen glänzenden kulturellen Highlights des Frankenlands. Dazu gehört die alte Kaiserstadt Bamberg ebenso wie Richard Wagners Bayreuth, das Rokoko der Markgräfin Wilhelmine, das viktorianische Ambiente von Coburg mit den Kunstschätzen der Veste, Kulmbachs Plassenburg und triumphierendes Barock in Banz, Pommersfelden und Vierzehnheiligen. Für Liebhaber von Raritäten öffnen zahlreiche Spezialmuseen ihre Türen: Porzellan und Patchwork, Urwelt und Oldtimer und mehr.

Spaziergänge zwischen Wald und Wasser: die Steinachklamm im Naturpark Frankenwald

Bamberg: frische Kräuter vom Markt

BAMBERG

Karte auf Seite 123

[115 F5] Die Stadt (71 000 Ew.) auf den sieben Hügeln ist ein Glücksfall. Einmalig schön erstreckt sich Bamberg aus dem Tal der Regnitz. Wer den Turm des anmutigen Geyerswörth-Schlösschens hinaufsteigt, hat einen unvergesslichen Rundblick auf die Türme von Kaiserdom und Kloster Michelsberg und auf das Gassen- und Giebelgewinkel dieser tausendjährigen Stadt. Anders als Nürnberg und Würzburg blieb Bamberg im Zweiten Weltkrieg fast unzerstört erhalten. 1994 wurde Bambergs ★ *Altstadt* feierlich in die Unesco-Liste des »Welterbes der Menschheit« aufgenommen.

Fürstenportal des Bamberger Doms

chern, Reste vom Reichssaal Kaiser Heinrichs II. und der Palastkapelle. Jünger sind das Renaissanceportal mit den Allegorien der Flüsse Main und Regnitz und die benachbarte Ratsstube. *Hinter dem Domplatz*

Altenburg
☙ Ringmauern und der Bergfried der alten Bischofsburg sind erhalten und bieten weite Ausblicke. *Etwas außerhalb, im Südwesten*

Altes Rathaus
Im 14. Jh. fanden die Bamberger einen ungewöhnlichen Platz für ihr Rathaus: eine künstliche Regnitzinsel. Im 18. Jh. wurde der Bau barockisiert. Wie ein schmuckes Schiff, mit opulentem Balkon über der engen Straßendurchfahrt, steht er über Fluss und Brücken. In den Räumen ist Europas größte private Porzellansammlung ausgestellt: *Glanz des Barock – Sammlung Ludwig (Di–So 9.30–16.30 Uhr).*

Concordia
Gartenschloss an der Regnitz, 1717–22 von Johann Leonhard Dientzenhofer erbaut. Das Internationale Künstlerhaus ist eingezogen, mit Glück kommt man trotzdem in den kleinen Park am Fluss, der mit bemoosten Gartengöttern italienisch heiter und festlich wirkt.

Domberg
★ Unter den charakteristischen vier schlanken Türmen und den Wölbungen der 1237 vollendeten dreischiffigen Basilika sind Meisterwerke abendländischer Bildhauerei zu bewundern. Am berühmtesten wurde der *Bamberger Reiter* eines unbekannten Bildhauers am nordwestlichen Chorpfeiler mit seinem

Mit einer karolingischen Burg auf dem Domberg beginnt im 8. Jh. Bambergs fränkische Geschichte. 1007 gründet Kaiser Heinrich II. das Bistum Bamberg. Vergeblich empören sich die Bürger im 15. Jh. gegen den Bischof, auch nach der Reformationszeit bleibt Bamberg katholisch. Umso prächtiger bauen die Schönborn-Fürstbischöfe ihre Bamberger Residenz aus. Jetzt schmücken moderne Skulpturen u. a. von Fernando Botero Bambergs Plätze, und auch der Maxplatz wird wieder Markt und renoviert.

SEHENSWERTES

Alte Hofhaltung
Ein schöner Innenhof, spätgotisches Fachwerk unter hohen Satteldä-

in die Ferne gerichteten Blick. Jüngste Forschungen ermittelten, dass nicht das Idealbild mittelalterlichen König- und Rittertums dargestellt ist, sondern wohl König Stephan von Ungarn, der Schwager Kaiser Heinrichs II. Dieser ist mit seiner Gattin Kunigunde – beide wurden heilig gesprochen – im Dom begraben. Tilman Riemenschneider schuf den monumentalen *Sarkophag* mit den lebensgroßen Gestalten und den Darstellungen ihrer Wundertaten.

Wichtigste andere Werke: der Altar von Veit Stoß und die gotischen Skulpturen der »Synagoge« und »Ecclesia«, der Elisabeth und Maria, sowie die Portale, vor allem das Fürstenportal, die Gnadenpforte und die Adamspforte. Die Originale der Adam- und Eva-Figuren der Adamspforte, die ersten großen Aktfiguren Deutschlands, finden sich im Diözesanmuseum. Der Dom, die Renaissancefassaden der alten Hofhaltung und die barocken Flügel der neuen Hofhaltung lassen den Ausblick weit über die Stadtlandschaft schweifen: der stärkste Raumeindruck Bambergs.

Domgrund
Mitten in der Stadt eine grüne Oase für Spaziergänger, ein Baumtal mit kleinen alten Häusern und dem barocken Ebracher Hof.

Karmelitenkloster
Das ehemalige Zisterzienserinnenkloster wird heute von Karmelitermönchen bewohnt. Wunderschöner Kreuzgang (spätromanisch), auf dessen Kapitellen Tierphantastik dargestellt ist. *Karmelitenplatz*

Katakomben
Bambergs sieben Hügel sind mit fast 10 km langen Stollen unterhöhlt. Seit dem 11. Jh. wurde der Keupersandstein unterirdisch abgebaut. In den entstandenen Kellern lagerten die Bamberger Wein, Bier und Malz, später suchten sie Zu-

---

MARCO POLO Highlights »Oberfranken«

★ **Altstadt**
Romantisches Flair des Spätmittelalters (Seite 51)

★ **Domberg**
Besuch beim »Bamberger Reiter« – und auf einem der geschichtsträchtigsten Plätze Deutschlands (Seite 52)

★ **Museum für Modernes Glas**
Glaskunst in Schloss Rosenau bei Coburg (Seite 66)

★ **Tropfsteinhöhlen**
Einige von mehreren Hundert Höhlen in der Fränkischen Schweiz sind für Besucher zugänglich (Seite 57)

★ **Markgräfliches Opernhaus**
Festliche Inszenierungen in Bayreuth (Seite 60)

★ **Festspielhaus**
Auch ohne Wagner-Oper ein Erlebnis (Seite 60)

flucht bei Bombenalarm. *Gruppenführungen buchbar beim Tourismus & Kongress Service, Tel. 0951/297 62 00*

Klein-Venedig

◀▶ Bester Blick auf das malerische Ensemble der ehemaligen Fischerhäuser an der Regnitz von der Kasernstraße aus. *Am Leinritt*

Rosengarten

◀▶ Barocker Garten der Neuen Residenz mit reizvollen Rokokofiguren von Ferdinand Tietz. *Domplatz/Residenzstraße*

St. Michael

Die Klosterburg auf dem Michelsberg wurde 1015 als Benediktinerabtei gegründet. Nach dem Brand von 1610 gaben Johann Leonhard und Johann Dientzenhofer der Klosteranlage um 1700 eine barocke Gestalt. Die Netzrippengewölbe sind ausgemalt mit einem »Herbarium« aus 608 Pflanzenarten.

Die Klostergaststätte hat eine ◀▶ Aussichtsterrasse, vom Michelsberg zur Altenburg führt ein Spazierweg, der als »stadtökologischer Lehrpfad« angelegt ist.

MUSEEN

Diözesanmuseum

Welche Kostbarkeiten! Prächtige, edelsteinfunkelnde Monstranzen, goldschimmerndes Sakralgerät und – noch kostbarer – die einzigartigen, brillant restaurierten Kaisergewänder des Mittelalters. *Di–So 10–17 Uhr, Domplatz 25*

E. T. A.-Hoffmann-Haus

Enge Kammern in einem der schmalsten Häuser, darin Erinnerungen an einen der phantasiemächtigsten Poeten der Romantik, der 1808 als Kapellmeister an das Bamberger Theater kam. 2003 neu gestaltet – mit »Zaubergarten«. *Mai bis Okt. Di–Fr 16–18, Sa/So 10 bis 12 Uhr, Schillerplatz 26*

Postkartenmotiv: »Klein-Venedig« liegt malerisch am Ufer der Regnitz

Historisches Museum
Stadtgeschichte, Kunsthandwerk, Gemälde. *Mai–Okt. Di–So 9–17 Uhr, Nov.–April geöffnet bei Sonderausstellungen, Domplatz 7*

Naturkundemuseum
Fränkische Geologie und eine große Mineraliensammlung, ungewöhnlich ist das »Museum im Museum«, eine Sammlung von Vögeln in den originalen Vitrinen von 1794. *April bis Sept. Di–So 9–17, Okt.–März Di–So 10–16 Uhr, Fleischstr. 2*

Neue Residenz
Einen fränkischen Hradschin plante Lothar Franz von Schönborn. Aber das barocke Residenzschloss konnte am Ende doch nicht den ganzen Domberg besetzen. Im Innern des von Johann Leonhard Dientzenhofer geschaffenen Baus sieht man Goldornamente und Tapisserien, den Kaisersaal, die Altdeutsche Galerie und die Barockgalerie. Erhalten sind auch die Wohnräume König Ottos I. von Griechenland, die der Wittelsbacher nach seiner erzwungenen Abdankung 1863 bezog. *April–Sept. tgl. 9–18, Okt. bis März tgl. 10–16 Uhr, Domplatz 8*

ESSEN & TRINKEN

Bergschlößchen
⚜ Das schönste Aussichtscafé, nicht weit vom Michelsberg (auch Hotel). *Di geschl., am Bundleshof 2, Tel. 0951/520 05*

Ess-Bar
Multikulturelle Küche in mediterran-heiterem Ambiente, beheizter Hof (auch vier Zimmer). *Tgl., Stangstr. 3, Tel. 0951/29 71 59 40, www.essbar-bamberg.de, €– €€*

Greifenklau
Großer Bierkeller auf dem Kaulberg. *Tgl., Laurenziplatz 20, Tel. 0951/532 19, € – €€*

Keesmann Bräu
Brauereigaststätte mit vorzüglicher fränkischer Küche. *So geschl. Wunderburg 5, Tel. 0951/981 980, €€*

Schlenkerla
Brauereigaststätte der gemütlichen Art. Hier gibt's Rauchbier und Brotzeiten. Eine Bamberger Institution. *Di geschl., Dominikanerstr. 6, Tel. 0951/560 60, www.schlenkerla. de, €*

EINKAUFEN
Bambergs Fußgängerzone ist nicht durch Kaufhausblocks verunstaltet. Geschenke, Krippenfiguren und mehr findet man bei *Geschwister Poppenberger (Hauptwachstr. 9)*, im *Mohrenhaus (Obere Brücke 14)* und bei der *Töpferei Porzelius (Jakobsplatz 3)*. Die Bamberger Antiquitätenmeile liegt in der Altstadt.

ÜBERNACHTEN

Barockhotel am Dom
Insider Tipp
Hotel garni im Domgrund, ruhig. *19 Zi., Vorderer Bach 4, Tel. 0951/ 540 31, Fax 540 21, €€*

Fässla
Nördlich des Main-Donau-Kanals, mit Parkplatz. *21 Zi., Obere Königsstr. 19–21, Tel. 0951/265 16, Fax 20 19 89, €*

Messerschmitt
Ein Stück Alt-Bamberg: Romantikhotel mit vorzüglichem Restaurant (Weinhaustradition seit 1832) mit

fränkischen Spezialitäten. *17 Zi., Lange Str. 41, Tel. 0951/29 78 00, Fax 297 80 29, www.hotel-messer schmidt.de, €€€*

FREIZEIT & SPORT

Spezielle Bamberg-Erlebnisse sind: die Rundgänge mit Bamberger Geschichtenerzählern; die theatralische Zeitreise »Licht und Schatten« in der Alten Hofhaltung; Sonntagskonzerte im Kreuzgang; die »Bierschmecker-Touren« zu den Spezialitäten der Bamberger Brauer; die Sams-Führung für Kinder (»Sams in Gefahr«); die Barockführung »Prunk, Pracht und Puder«; die Bamberger Kutschfahrten und die Nachtwächterführung mit Anekdoten und Sagen.

In der Regnitz kann man sogar baden *(Hainbad),* Vorsichtigere gehen lieber ins *Stadionbad (Pödeldorfer Str. 176).*

AM ABEND

E. T. A. Hoffmann-Theater

Ein Theaterjuwel der Romantikära wurde nach vierjähriger Renovierung und moderner Erweiterung wiedereröffnet – und zählt zu den meistbesuchten Bühnen Bayerns. Reservieren! *Schillerplatz 7, Tel. 0951/87 30 30*

Boulevard-Café Luitpold

Insider Tipp

Café und Bistro mit allem, was man sich wünscht: Frühstück, Teekarte, uriger Bartresen, Wintergarten mit Zeitungen. *Tgl., Schönleinsplatz 4, Tel. 0951/257 00*

Jazzclub

Musikkneipe mit Livekonzerten nicht nur am Wochenende. *Obere*

Sandstr. 18, Tel. 0951/552 25, www.jcbamberg.de

Sinfonie an der Regnitz

Kongress- und Konzerthalle Bambergs; hier sind auch die »Bamberger Symphoniker« zu hören. *Mußstr. 1, Tel. 0951/964 72 00*

AUSKUNFT

Bamberg Tourist Information

Geyerswörthstr. 3, 96047 Bamberg, Tel. 0951/297 62 00, Fax 297 62 22, www.bamberg.info

Bamberg Card

Fahrschein, Gutschein und Eintrittskarte für Museen zugleich. 48 Stunden gültig. *8,50 Euro*

Personenschifffahrt Kropf

Hafenrundfahrt, Main-Tagesfahrten, Abendfahrten. *Kapuzinergasse 5, Tel. 0951/266 79*

ZIELE IN DER UMGEBUNG

Buttenheim   [116 A6]

Die Attraktion des Dorfs ist das *Levi-Strauss-Museum* für den Erfinder der Jeans, der 1829 in diesem Gebäude zur Welt kam. Audio-Infos, Jeans-Kult von der Arbeiter- bis zur Designerhose. *Di/Do 14–18, Sa/So 11–17 Uhr, www.levi-strauss-museum.de, 14 km südöstlich*

Insider Tipp

Ebrach   [115 D5]

Alberich Degen, Abt des Zisterzienserklosters Ebrach, entdeckte 1665, wie gut sich die Silvanerrebe auf fränkischen Böden entwickelte. Der frühgotische Kirchenbau (1200–85) wurde im 18. Jh. umgestaltet *(Mitte April–Okt. tgl. 10–12 u. 14–18 Uhr),* das Kloster

nach der Zerstörung im Bauernkrieg prächtig erneuert *(Führungen
tgl. 10.30 u. 14.30 Uhr). Tel.
09553/170. 35 km westlich*

Forchheim [116 A6]
Fachwerk dicht gedrängt um den
Marktplatz und die jüngst ein-
drucksvoll renovierte Bischofsresi-
denz, Kaiserpfalz genannt, denn
schon zu Merowinger- und Karolin-
gerzeit war Forchheim ein Königs-
hof. In der Residenz zeigt das *Pfalz-
museum (auch Stadt-, Trachten-
und Archäologiemuseum, Kapel-
lenstr. 16, Mai–Okt. Di–So 10–17,
Nov.–April Mi/Do 10–13, So 10 bis
17 Uhr)* die ältesten Wandmalerei-
en Frankens. *47 km südlich*

Gößweinstein-Behringersmühle [116 B6]
Eine Bilderbuchburg mit Rundturm
aus dem 11. Jh. (im 19. Jh. umgebaut) thront über dem Wallfahrtsort
Gößweinstein (4100 Ew.). Nach
Plänen Balthasar Neumanns entstand die Wallfahrtsbasilika zur
heiligsten Dreifaltigkeit in trium-
phierendem Barock. Schöne Wanderungen! Im *Scheffel-Gasthof (20
Zi., Balthasar-Neumann-Str. 6, Tel.
09242/201, Fax 73 18, €)* erinnert
eine Stube an den Dichter Viktor
von Scheffel. *50 km südöstlich*

Naturpark Fränkische Schweiz/Veldensteiner Forst [116 A–C 5–6]
Romantische Taleinschnitte und
markante Dolomit-Felsformationen,
Burgen und Mühlen, über 1000
Höhlen und unterirdische Gänge,
aber auch weite Hochflächen prägen das Bild des 2301 km² großen
Naturparks zwischen Bayreuth, Erlangen und Bamberg. Die Fränkische Alb, der dieses Gebiet zuge-

*Wunderschönes Fachwerk
zu Füßen der Burg Gößweinstein*

hört, ist als Karstgebirge reich an
Dolinen (Erdfällen über eingestürz-
ten Höhlen) und Hungerbrunnen
(Karstquellen, die zeitweise versie-
gen). Zu den eindrucksvollsten
★ Tropfsteinhöhlen der Region gehören die *Teufelshöhle* bei Pottenstein [116 C6], die *Binghöhle* bei
Streitberg [116 B5] und die *So-
phienhöhle* bei Burg Rabenstein.

Naturpark Steigerwald [115 D–E 5–6]
An den sonnigen Westhängen des
1280 km² großen Naturparks gedeihen einige der besten Frankenweine. Im Osten und Norden gibt
es noch kleine Familienbrauereien.
Große Buchenwälder stehen um
Hundelshausen, Fabrikschleichach
und Ebrach. Aber auch Schlösser
und ungewöhnliche Museen war-
ten auf Besucher.

Pegnitz [116 C6]

In Pegnitz (14 700 Ew.) wimmelt es sommers von Sängerprominenz. Bayreuth ist nicht weit, und hohe Gäste schätzen *Pflaums Posthotel Pegnitz* mit Gourmetrestaurant, Terrasse, Golf, Sauna und Pool *(60 Zi., Nürnberger Str. 8–16, Tel. 09241/72 50, Fax 804 04, www.ppp.com, €€€). 75 km südöstlich*

Pommersfelden [115 F6]

»Kolossale Repräsentationswut und Lust am Schönen« ließ *Schloss Weißenstein* bei Pommersfelden 1711 bis 1718 entstehen. Bauherr war Lothar Franz von Schönborn – Bamberger Fürstbischof, Kurfürst-Erzbischof von Mainz und Erzkanzler des Kaisers –, seine Architekten Johann Dientzenhofer und Lucas von Hildebrandt. Die mächtige Dreiflügelanlage mit der berühmten doppelläufigen Treppe, Spiegelkabinett, Marmorsaal und kostbarer Gemäldegalerie ist heute gemeinnützige Stiftung. *April–Okt. tgl. 10–16 Uhr Führungen, Schlosskonzerte, Tel. 09548/981 80, www.schloss pommersfelden.de.* Schlafen kann man im *Schlosshotel Pommersfelden (80 Zi., Tel. 09548/680, Fax 681 00, €€). 20 km südlich*

Pottenstein [116 C5–6]

Die größte Schauhöhle der Fränkischen Schweiz zeigt das Grottensystem der *Teufelshöhle* bei Pottenstein, mit Kerzensaal, Barbarossadom und der Kristallgrotte *(April bis Okt. tgl. 9–16.30 Uhr, Nov.–23. Dez. u. 7. Jan.–Ostern o. 31. März Di/Sa/So 10–15 Uhr, 26. Dez.–6. Jan. tgl. 10–15 Uhr).* Sommerrodelbahn. Am Fuß der Burg verwöhnt der Gasthof *Goldene Krone* seit 1736 seine Gäste *(25 Zi., Am Marktplatz 2, Tel. 09243/924 30, €). 60 km südöstlich*

Schloss Seehof [115 F5]

Aufwändig restauriert: das Sommerschloss Seehof in seinem Park mit der großen Kaskade. Fürstbischof Marquard Sebastian Schenk von Stauffenberg ließ es 1684–95 bauen. *April–Okt. Di–Sa 14–18 Uhr. 6 km nordöstlich*

Löwenzahnübersäte Wiesen und kleine Weiler: unterwegs im Wiesenttal

Hochzeitsdorf Wirsberg

**Der oberfränkische Ort ist seit zwei
Jahrzehnten bei Heiratslustigen sehr beliebt**

Der Urenkel des Reichskanzlers Bismarck, Carl Alexander von Bismarck, und seine Braut reisten auch schon an und als frisch Getraute wieder ab. Seit 1983, meldet Wirsberg **[116 C3]** den Hochzeitslustigen in deutschen Landen und der weiten Welt, gaben sich Jahr um Jahr an die hundert Brautpaare im »Hochzeitsdorf im Grünen« das Jawort, und nur etwa jedes vierte ist in Wirsberg zu Hause. Die Idee hatte ein Bürgermeister, und seither gehören zum Wirsberger Sonderservice die Trauung im Rathaussaal – zu jeder beliebigen Tages- oder Nachtzeit –, auf Wunsch ein Erinnerungsfoto auf einem Dampfross im Deutschen Dampflokomotivmuseum, eine Hochzeitskutsche und das Hochzeitsarrangement im Hotel. Auskunft: *Gäste-Information Wirsberg, Sessenreuther Str. 2, 95339 Wirsberg, Tel. 09227/932 20, Fax 932 90, www.wirsberg.de*

Walberla **[116 B6]**

Mit bescheidenen 523 m Höhe der bekannteste Berg der Fränkischen Schweiz und Wahrzeichen Frankens, einst ein viel besuchter Wallfahrtsort (Walburgiskapelle aus dem 13. Jh. an der Stelle eines germanischen Freya-Heiligtums). Die »Walberlaskärwe« am ersten Maiwochenende ist ein beliebtes Volksfest. *55 km südöstlich*

Wiesenttal **[116 A–B 5–6]**

Das felsumrahmte Muggendorf mit seinen vielen Höhlen und dem Aussichtsfelsen ☘ Adlerstein, die Ruine Streitburg, die 350 m lange Binghöhle bei Streitberg, Gößweinstein, die mächtige Einsturzhöhle »Riesenburg« zwischen Behringersmühle und Waischenfeld sowie die Burg Rabeneck kann man auf einer Fahrt durch das Wiesenttal zwischen Ebermannstadt und Plankenfels kennen lernen. *50 km östlich*

BAYREUTH

**Karte auf
Seite 123**

[116 C4–5] Die Markgräfin und der Maestro haben Bayreuth (75 000 Ew.) weltberühmt gemacht: Markgräfin Wilhelmine, die Lieblingsschwester Friedrichs des Großen, schuf das »Bayreuther Rokoko«, Richard Wagner die Bayreuther Festspiele. Die Stadt kam 1248 in den Besitz der Nürnberger Burggrafen, war von 1603 bis 1769 Residenz der Markgrafen von Brandenburg-Kulmbach-Ansbach, wurde 1791 preußisch und gehört seit 1810 zu Bayern. Im Bayreuther Festkalender gibt es nicht nur die Richard-Wagner-Festspiele, sondern auch Aufführungen im Markgräflichen Opernhaus, das Internationale Jugendfestspieltreffen und das Sommernachtsfest in der Eremitage.

Eremitage, Altes Schloss und Wasserspiele

Noch bevor ihr Bruder Friedrich in Potsdam sein Sanssouci baute, schuf sich Markgräfin Wilhelmine etwas außerhalb der Stadt ihr Rokoko-Sommerschloss (das Alte Schloss). Dazu wurde die Eremitage ihres Schwiegervaters umgebaut und der Park zu einem damals sehr modernen Landschaftsgarten umgewandelt mit Grotten und Wasserspielen. *April–Sept. tgl. 9–18 Uhr; 1.–15. Okt. tgl. 10–16 Uhr, Wasserspiele: Mai–Sept. tgl. 10–17 Uhr; 1.–15. Okt. tgl. 10–15 Uhr zur vollen Stunde in der oberen Grotte, 10 Min. später in der unteren. 5 km östlich, Bus 2*

Festspielhaus

★ Knapp 2000 Plätze auf einfachen Klappstühlen bietet Richard Wagners Festspielhaus. 1872 wurde der Grundstein gelegt, heute ist die Nachfrage mit 500 000 bis 600 000 Bestellungen pro Saison rund zehnmal so groß wie das Angebot. Der Besuch lohnt sich auch außerhalb der Festspielwochen: hochinteressant ist die nach Wagners Plänen unsichtbare Platzierung des Orchesters und das ausgetüftelte System der Schallführung. *Führungen Di–So 10, 11, 14 u. 15 Uhr, jedoch nicht während der Probenzeit (etwa ab Juni) und im Nov., während der Festspielzeit (Ende Juli u. Aug.) nur vorm. nach Möglichkeit. Bayreuther Festspiele, Kartenbüro, Postfach 10 02 62, 95402 Bayreuth, Tel. 0921/787 80*

Markgräfliches Opernhaus

★ Markgräfin Wilhelmine ließ als Theater- und Opernfan fünf Theater bauen. Dies ist das schönste, 1744–48 von Guiseppe Galli-Bibiena und Sohn erbaut – ein Meisterwerk höfischer Theaterkultur. *Ton- und Lichtinszenierung alle 45 Min., April–Sept. tgl. 9–18, Okt.–März*

»Winterstürme wichen dem Wonnemond«: Richard-Wagner-Festspiele

tgl. 10–16 Uhr, an Proben- u. Auf-
führungstagen je nach Möglichkeit

Neues Schloss
Stadtresidenz der Markgrafen, 1753 nach dem Brand des Stadt-schlosses aus fünf Einzelbauten von Joseph Saint-Pierre errichtet, mit Zedernsaal und den Hoheiten- und Markgrafenzimmern. *April–Sept. tgl. 9–18, Okt.–März tgl. 10–16 Uhr, Ludwigstraße*

MUSEEN

Brauerei- und Büttnereimuseum der Gebrüder Maisel
Seit 1988 als umfangreichstes Brau-ereimuseum im »Guinnessbuch der Rekorde«. *Führungen tgl. 14 Uhr, Kulmbacher Str. 40*

Deutsches Freimaurermuseum
Im historischen Haus der Freimau-rerloge »Eleusis zur Verschwiegen-heit«. *Di–Fr 10–12 u. 14–16, Sa 10–12 Uhr, zur Festspielzeit tgl. 10 bis 16 Uhr, Im Hofgarten 1*

Franz-Liszt-Museum
Im Sterbehaus des Komponisten. *Sept.–Juni tgl. 10–12 u. 14–17 Uhr, Juli/Aug. tgl. 10–17 Uhr, Wahn-friedstr. 9*

Gartenkunst-Museum
Das erste Museum seiner Art in Deutschland. Im *Schloss und Park Fantaisie,* mit vielfältiger Ausstel-lung. *April–Sept. Di–So 9–18 Uhr, Anf.–Mitte Okt. 10–16 Uhr, Bam-berger Str. 3. 5 km westlich*

Jean-Paul-Museum
Hier lebte Jean Paul, der aus Wun-siedel stammende Dichter, seit 1804 *(Sept.–Juni tgl. 10–12 u. 14*

Markgräfliches Opernhaus: eins der schönsten Barocktheater der Welt

bis 17, Juli/Aug. tgl. 10–17 Uhr, Wahnfriedstr. 1). An der Königsallee ist die *Rollwenzelei* erhalten, ein ehemaliges Wirtshaus, in dem Jean Paul oft einkehrte.

Kunstmuseum Bayreuth
Sammlungen der Kunst des 20. Jhs. Interessante Grafikabteilung. Im gleichen Haus gibt es auch eine Ta-bakhistorische Sammlung. *Sept.–Ju-ni Di–So 10–17, Juli/Aug. tgl. 10–17 Uhr, Maximilianstr. 33*

Richard-Wagner-Museum
Wohnung und Dokumentensamm-lung in dem von Wagner selbst ent-worfenen *Haus Wahnfried. April bis Okt. tgl. 9–17, Di/Do bis 20, Nov. bis März tgl. 10–17 Uhr*

Urweltmuseum Oberfranken

Ein Museumshit – die Saurier-skelette aus dem Bayreuther Muschelkalkmeer sind von Besuchern umlagert. *Sept.–Juni Di–So 10–17, Juli/Aug. tgl. 10–17 Uhr, Kanzleistr. 1*

ESSEN & TRINKEN

Oskar
Im Wirtshaus am Markt treffen sich Bayreuther und Touristen – eine In-Adresse! Sonntags- und Jazzbrunch. *Maximilianstr. 33, Tel. 0921/ 516 05 53, €€*

Richters
Restaurant, Café und Cocktailbar, gepflegtes Ambiente, feine Gastro-nomie. *Mai–Okt. tgl. ab 11, Nov. bis April ab 18 Uhr, Friedrichstr. 10, Tel. 0921/507 58 80, €€–€€€*

Weihenstephan
Fränkische und internationale Kü-che, Biergarten. *Tgl 11.30–14 u. 17.30–22 Uhr, Bahnhofstr. 5, Tel. 0921/822 88, €€*

EINKAUFEN

Die *Hofgarten-Passage* und die Pas-sage am Marktplatz beherbergen Läden für den gehobenen Bedarf. In der *Galerie an der Stadtkirche (Kämmereigasse 4)* zeitgenössische Kunst, im *Puppenhaus* antike Pup-pen. Weltweit unter der wenigen Betriebe handwerklicher Pianoher-stellung ist *Steingraeber (Fried-richstr. 2, auch Musikabende, Füh-rungen, Tel. 0921/640 49).*

ÜBERNACHTEN

Bayerischer Hof
Gemütliche Zimmer, Hallenbad und Garten. Literaturcafé. *60 Zi., Bahnhofstr. 14, Tel. 0921/786 00, Fax 786 05 60, €€–€€€*

Goldener Hirsch
In Familienbesitz seit 1920, zentral, gemütliches Restaurant, Gratispark-plätze. *41 Zi., Bahnhofstr. 13, Tel. 0921/230 46, Fax 224 83, www. bayreuth-goldener-hirsch.de, €€*

Lohmühle
Landhotelambiente abseits vom Zentrum, gutes Preis-Leistungs-Ver-hältnis. *42 Zi., Badstr. 37, Tel. 0921/530 60, Fax 530 64 69, €€*

Ramada Treff Hotel Residenzschloss Bayreuth
Zentrumsnah, großer Komfort, Bar und Fitnesscenter, Garage. *104 Zi., Erlanger Str. 37, Tel. 0921/758 50, Fax 758 56 01, €€–€€€*

FREIZEIT & SPORT

Man lässt sich in der *Lohengrin-Therme* verwöhnen, mit staatlich anerkannter Heilquelle und Well-nessluxus in der Thermenwelt *(tgl. 9–22 Uhr)* oder der Saunawelt *(tgl. 10–22 Uhr), Tel. 0921/79 24 00, www.lohengrin-therme.de.* In der Nachbarschaft: *Golf* am Roders-berg, *Tel. 0921/97 07 04*

AUSKUNFT

Kongress- u. Tourismuszentrale
Luitpoldplatz 9, 95444 Bayreuth, Tel. 0921/885 88, Fax 885 55, www.bayreuth-tourismus.de.
Die *Bayreuth Card* für Museen, Stadtverkehr und mehr kostet 11,50 Euro für drei Tage.

ZIELE IN DER UMGEBUNG

Fichtelsee   [117 D4]
Schon im 18. Jh. angelegter Stau-see, im 20. Jh. auf 10 ha vergrö-

ßert. Bootsverleih. Im benachbarten Wintersport- und Luftkurort *Fichtelberg* lohnt das Besucherbergwerk im Gleißinger Fels. Unterkunft im *Waldhotel am Fichtelsee (18 Zi., Tel. 09272/96 40 00, Fax 964 00 64, €). 30 km nordöstlich*

Goldkronach [117 D4]

Alte Stollen wurden wieder freigelegt, ein Alexander-von-Humboldt-Weg ausgeschildert (der große Naturforscher lebte hier drei Jahre). Besucher können das Goldwaschen probieren – der uralte Bergbau um Goldkronach hat neue Attraktionen. *7 km nördlich*

Kronach [116 B3]

Am Zusammenfluss von Haßlach und Kronach liegt der mittelalterliche Stadtkern Kronachs (18 500 Ew.). Stadtmauer, Stadttore und winklige Gassen sind stimmungsvoll erhalten, auch das Geburtshaus des Malers Lucas Cranach d. Ä. *(Marktplatz, Ecke Lucas-Cranach-Straße)*. Höhepunkt in jedem Sinn ist die  *Festung Rosenberg,* eine der größten Europas – noch Napoleon baute sie aus *(Führungen, auch unterirdisch, April–Okt. Di–So 11, 12.30, 14, 16, Nov.–März 11 u. 14 Uhr)*. Werke von Cranach, Adam Kraft und Tilman Riemenschneider zeigt die *Fränkische Galerie* in der Festung *(April–Dez. Di–So 10–17, Jan.–März 10.30–16 Uhr). 43 km nördlich*

Kulmbach [116 C3–4]

Vier große Brauereien und etliche kleine produzieren das weltberühmte Bier in der 30 000-Ew.-Stadt, und neun Tage lang wird Ende Juli das gut besuchte *Kulmbacher Bierfest* gefeiert.

Hopfenernte bei Kulmbach

 Das mächtige Festungswerk der *Plassenburg* mit einem der prächtigsten Arkadenhöfe der Renaissance bewahrt kostbare museale Sammlungen: das *Deutsche Zinnfigurenmuseum,* mit über 300 000 Figuren das größte der Welt, das *Armeemuseum Friedrich der Große,* das *Hohenzollernmuseum* und das *Landschaftsmuseum Obermain,* in dem auch das Faksimile der fast 13 m² großen »Ebstorfer Weltkarte« aus dem Jahr 1235 ausgestellt ist *(April–Sept. tgl. 9–18, Okt.–März Di–So 10–16 Uhr). 22 km nördlich*

Naturpark Fichtelgebirge [117 D–E 3–4]

Im Dreieck zwischen Hof, Bayreuth und Waldsassen erstreckt sich das Wald- und Hügelland mit Felslabyrinthen, Grotten, steinernen Meeren und den  Granitkuppen des Schneebergs (1053 m) und des Ochsenkopfs (1023 m). An dessen Hängen liegt *Bischofsgrün,* heilklimatischer Kurort und Winterzentrum, mit Bade-und Kneippanlagen,

Sommerrodelbahn sowie einem »Ort der Kraft« mit Erdstrahlung. Reste der sumpfigen Senken im Fichtelgebirge stehen unter Naturschutz. Glasmacher und Kristallschleifer, Zinngießer und Holzschnitzer sind noch heute tätig. Lifte und Loipen gibt es reichlich.

Sanspareil [116 B4]

»Ohnegleichen« weit und breit ist der Felsen- und Grottengarten mit dem »Morgenländischen Bau«, den Markgräfin Wilhelmine um eine riesige Buche erbauen ließ. Zu dieser wuchernden Phantasiewelt fügen sich farbige Glasflüsse und bunte Steine, die künstliche Ruine des Grottentheaters und der »Regenschirm«-Felsen. *Ganzjährig, bei Burg Zwernitz, 28 km westlich*

Warmensteinach [117 D4]

Im viel besuchten Luftkurort ist. mit einem authentisch erhaltenen Einfirsthof samt »schwarzer Küche« das *Freilandmuseum Grassemann* unbedingt einen Besuch wert. *Mai bis Okt. Mi–So 11–16, Sa/So bis 17 Uhr, Jan.–April Sa/So 14–16 Uhr. 25 km nordöstlich*

Insider Tipp

Wunsiedel [117 E4]

Die Stadt (11 000 Ew.), nach dem Brand von 1834 wieder aufgebaut, hat ein noch klassizistisch geprägtes Ambiente, vielerlei Sporteinrichtungen und das *Fichtelgebirgsmuseum* mit großer geologischer Sammlung *(Di–So 10–17 Uhr)*. In Wunsiedel wurde der Dichter Jean Paul (1763–1825) geboren, sein Geburtshaus und ein Denkmal von Ludwig von Schwanthaler erinnern an den Dichter der »Flegeljahre«.

Das Felsenlabyrinth *Luisenburg* mit seinen Höhlen, Grotten und Schluchten am Kösseine-Bergstock ist ein Hauptanziehungspunkt des Fichtelgebirges. Auf der schönen Naturbühne finden im Sommer die *Luisenburgfestspiele* statt *(Auskunft: Verkehrsamt, Jean-Paul-Str. 5, Wunsiedel, Tel. 09232/60 21 62, Fax 60 21 69)*. Südöstlich der Bühne führt auf Treppenwegen und Pfaden ein Rundgang durch das Felsenlabyrinth. *45 km nordöstlich*

COBURG

[115 F2] In Coburg wurde europäische Heiratspolitik gemacht, Prinzen und Prinzessinnen von Sachsen-Coburg heirateten u. a. in die Dynastien Belgiens, Bulgariens, Rumäniens, Portugals, Russlands, Schwedens, vor allem aber Großbritanniens ein. Die ehemalige Residenzstadt (42 000 Ew.) mit ihrem schönen Marktplatz und der berühmten *Veste* gehört erst seit einer Volksabstimmung 1920 zu Bayern.

Der Walzerkönig Johann Strauß war Coburger Staatsbürger. Als ihm im katholischen Wien eine Scheidung verweigert wurde, nahm der 62-Jährige das Angebot des Coburger Herzogs Ernst II. an, konvertierte, ließ sich als Coburger Staatsbürger scheiden und einen Monat später in der Schlosskirche der Ehrenburg neu trauen. Hundert Jahre danach, 1987, fanden hier erstmals die Johann-Strauß-Musiktage statt.

SEHENSWERTES

Schloss Callenberg

Wie schon im 19. Jh. ist das trutzige Stammschloss der Ritter von Callenberg wieder im Besitz der Familienstiftung des Coburger Herzogshauses und seit 1997 vorzüglich renoviert zu besichtigen. Zu den Höhepunkten der Ausstellung zählen die Gemälde der Familiengalerie sowie der juwelenblitzende Hosenbandorden. *Tgl. 11–17 Uhr; Führungen Sa/So 14, 15, 16 Uhr. 3 km nördlich*

Schloss Ehrenburg

Eine Empireresidenz mit neugotischer Fassade – das ist in Deutschland einzigartig. Der junge Karl Friedrich Schinkel war Berater beim Umbau des Renaissance- und Barockschlosses. Die Toilette mit Wasserspülung traf erst um 1860 ein – aus England. Interessante Gemäldegalerie. *Führungen April bis Sept. Di–So 9–17 Uhr, Okt.–März 10–15 Uhr zu jeder vollen Stunde*

Schloss Rosenau

Hervorragend restauriert, zeigt die ursprünglich mittelalterliche Burg wieder die neugotische Innengestaltung des 19. Jhs. Queen Victoria ließ es sich hier an der Geburtsstätte ihres Coburger Prinzgemahls Albert wohl sein. *April–Sept. Di–So 9–17, Okt.–März 10–15 Uhr, Rödental*

MUSEEN

Kunstsammlungen der Veste Coburg

Als eine der größten Burgen thront die ◀▮▶ *Veste Coburg,* die »Fränkische Krone«, über der Stadt. Mit ihrem dreifachen Mauerring ist sie in tausendjähriger Baugeschichte entstanden. Sie beherbergt hervorragende Kunstsammlungen: Kunsthandwerk und Keramik, Gemälde und Skulpturen, eines der reichsten Kupferstichkabinette, dazu das rekonstruierte Lutherzimmer, in dem der Reformator 1530 während des Augsburger Reichstags Zuflucht fand. *April–Okt. tgl. 10–17, Nov. bis März Di–So 13–16 Uhr*

Liegt auf 464 m Höhe und galt als uneinnehmbar: die Veste Coburg

Museum für Modernes Glas

★ Einzigartige Sammlung in der Orangerie von Schloss Rosenau mit Objekten aus der ganzen Welt. Zweigmuseum der Kunstsammlungen der Veste Coburg. *April–Okt. tgl. 10–13 u. 13.30–17, Nov. bis März Di–So 13–16 Uhr, Rödental*

Naturkunde-Museum

Bedeutende, schon von den Coburger Herzögen begründete Sammlungen in modern erweitertem Gebäude. *Tgl. 9–17 Uhr, am Hofgarten*

ESSEN & TRINKEN

Künstler-Klause

Gemütlich, hausgemachte Nudeln, frischer Fisch. *Mo geschl., Theaterplatz 4a, Tel. 09561/907 05,* €€

Schaller

Im *Hotel Coburger Tor,* mit Gourmet-Ehrgeiz. *So geschl., Ketschendorfer Str. 22, Tel. 09561/250 74,* €€€

EINKAUFEN

Spielzeug bei der *Spielwarenfabrik Hermann (Im Grund 9–11, Cottendorf, Tel. 09561/859 00)* mit Verkauf. Hummel-Figuren bietet die *W. Goebel Porzellanfabrik* in einer Ausstellung *(Coburger Str. 7, Rödental, Tel. 09563/923 03).* Nicht zuletzt sind in dieser Stadt mit ihrer fürstlichen Vergangenheit interessante Antiquitätenläden zu finden.

ÜBERNACHTEN

Fink

Guter Gasthof, mit dem Bus in 10 Minuten zu erreichen. *13 Zi. u. Dependance, Lützelbucher Str. 24,* Stadtteil Lützelbuch, *Tel. 09561/249 40, Fax 272 40,* €

Romantik Hotel Goldene Traube

Traditionshaus mit *Restaurant Meer und mehr* und Weinlokal. *72 Zi., Am Viktoriabrunnen 2, Tel. 09561/87 60, Fax 87 62 22, www.goldene traube.com,* €€ – €€€

FREIZEIT & SPORT

Radwandern, Wanderwege, Badeseen, in Coburg das Erlebnisbad *Aquaria,* im Umkreis Freizeitzentren, Squash- und Tennisplätze, Reitsport- und Wintersportmöglichkeiten. Golfplatz in Weitramsdorf bei Schloss Tambach.

AM ABEND

Das *Landestheater Coburg* bringt Schauspiele, Opern, Operetten und Musicals *(Schlossplatz, Tel. 09561/89 89 89).* Im 🏃 *GAG No. 1* gibt's unten eine Disko, oben eine Weinstube *(Vorderer Floßanger 6a, Tel. 09561/63 01 22),* Treffpunkt ist die 🏃 Bar *Calouroso (Mi/Do 20 bis 2, Fr/Sa 22–5 Uhr, Steinweg 36, Tel. 09561/922 95).*

AUSKUNFT

Tourist-Information Stadt und Land Coburg

Herrngasse 4, 96450 Coburg, Tel. 09561/741 80, Fax 74 18 29, www.coburg-tourist.de

ZIELE IN DER UMGEBUNG

Bad Staffelstein   [115 F3]

Adam Ries, der Rechenmeister, wurde 1492 hier geboren. Über dem romantischen Städtchen

(10 500 Ew.) liegt der ⚜ Staffelberg mit der schönsten Aussicht Frankens. Viktor von Scheffel hat sein Loblied auf Franken 1859 darum dem Staffelberg gewidmet: »Wohlauf, die Luft geht frisch und rein.« Erinnerungen an Ries und Scheffel im *Städtischen Museum (April–Okt. Di–Fr 10–12 u. 14–17, Sa/So 14–17 Uhr, Nov.–März Sa 14–16 Uhr, Kirchgasse)*. Bayerns stärkste und wärmste Thermalsole in der *Obermain-Therme* strömt bei 28–36 Grad in zehn Innen- und Außenbecken *(tgl. 8–21 Uhr, Am Kurpark 1)*. 25 km südlich

Kloster Banz [115 F3]
In grandioser Lage entstand über dem rechten Mainufer die *Klosterkirche* von Banz (1710–19). Architekt war Johann Dientzenhofer, dessen Bruder Leonhard zuvor die Konventgebäude und den Abtbau der schon im 11. Jh. gestifteten, dann mehrfach zerstörten Benediktinerabtei errichtet hatte *(Führungen Mi/Do 14 Uhr und nach Voranmeldung)*. Zu besichtigen ist auch die *Petrefaktensammlung* mit Versteinerungen aus der Umgebung, wie dem 2 m langen Kopf eines Ichthyosaurus *(März–Okt. Di–So 10–16 Uhr)*. 16 km südlich

Lichtenfels [116 A3]
Sehenswert sind das barocke Rathaus von Johann Dientzenhofer, das Alte Stadtschloss auf dem Knopsberg und die spätgotische Pfarrkirche. Lichtenfels (22 000 Ew.) veranstaltet alljährlich im September einen *Korbmarkt* und ist Startpunkt für unvergessliche (auch mehrtägige) Floßfahrten auf dem Main.
Im östlich benachbarten *Michelau* ist im *Deutschen Korbmuseum*

zu entdecken, was Handwerker und Künstler in aller Welt aus Flechtwerk schufen *(April–Okt. Di bis So 10–16.30, Nov.–März Di bis Do 10–16.30, Fr 10–12 Uhr, www.korbmuseum.de)*. Auskunft: *Städtisches Verkehrsamt, Marktplatz 10, Lichtenfels, Tel. 09571/79 51 02, Fax 79 51 94. 15 km südlich*

Sesslach [115 F3]
Beispielhaft bewahrtes altfränkisches Städtchen (4000 Ew.) an der Rodach mit noch vollständig erhaltener Stadtmauer und drei Tortürmen, schönen alten Fachwerkhäusern und dem »Rückert-Gärtchen«. 10 km südwestlich

Vierzehnheiligen [116 A3]
Frankens berühmteste Wallfahrtskirche ist ein Werk Balthasar Neumanns, der die Doppelturmfassade wirkungsbewusst über das Maintal stellte. Mit einer kühnen Kuppelkonstruktion schuf er einen Raum reicher Wölbungen und festlicher Lichtbahnen. Der Gnadenaltar der vierzehn Nothelfer ist ein bravouröses Rokokowerk von Johann Michael Feichtmayr. Seit 1445 ein Schäfer hier eine Vision der 14 Nothelfer erfuhr, galt der Ort als wunderkräftig. 1999 wurde eine Orgel von großartiger Klangwirkung eingeweiht. Sechs Franziskaner-Brüder wohnen im Kloster. *Besichtigung im Sommer tgl. 7–19, im Winter tgl. 7–18 Uhr. 15 km südlich*

HOF

[117 E2] Hof wirkt jünger, als es ist. Nicht Fachwerk, Gotik oder Barock, sondern der Klassizismus des 19. Jhs. überwiegt bei den histori-

Das Jugendstilhaus Theresienstein im gleichnamigen Hofer Stadtpark

schen Bauten. Seit 1848 das bayerische Eisenbahnnetz auch Hof erreichte, entstand an der Saale eine moderne Industriestadt (51 000 Ew.). Die *Internationalen Filmtage* haben mittlerweile einen angesehenen Platz unter den europäischen Filmfestspielen. Rundumblick hat man vom ✹ Bismarckturm (auf dem Rosenbühl in 579 m Höhe).

SEHENSWERTES

Hofer Fernweh-Park
Orts- und Straßenschilder in globaler Vielfalt, Besucher sind zu Schilder-Stiftungen eingeladen. *Tgl. ganztägig, An der Michaelisbrücke, Graben 26, Eintritt frei, www.fernweh-park.de*

Stadtpark Theresienstein
Mit ✹ Aussichtsturm. Wunderschön restauriert ist das Jugendstil-

haus *Theresienstein* mit Imbiss. Konzerte, botanischer, zoologischer und geologischer Garten *(Sommer tgl. 9–18, Winter 9–16 Uhr)*, Zooschule und Streichelgehege.

Sternwarte Hof
Himmelsbeobachtung, Führungen, Vorträge mit Radioteleskop und Helioskop; Kinderplanetarium. *Egerländerweg 24, Tel. 09281/952 78, www.sternwarte-hof.de*

MUSEUM

Teddymuseum
Vom Überraschungsei-Teddy bis zu Teddy-Raritäten: 5000 Teddys einer Berliner Sammlerin. Museumscafé. *Ludwigstr. 6, Di–Fr 11.30–18, Sa 14–17, So 14–18 Uhr*

ESSEN & TRINKEN

Strauss
Traditionsreich, gepflegt, zentral, im gleichnamigen Hotel, mit Biergarten. *Tgl., Bismarckstr. 31, Tel. 09281/20 66 67 68,* €€

FREIZEIT & SPORT

Surfbretter kann man sich am 🏃 *Untreu-See* (4 km südlich) leihen. Dort ist auch Segeln möglich (Bootsliegeplätze). Außerdem in und um Hof: Tennis und Reiten, Motor- und Segelfliegen.

ÜBERNACHTEN

Gut Haidt
Landhotel in alter Gutsanlage – und zum Golfplatz ist's nicht weit. Gute Küche, Sauna, Reiten. *41 Zi., Hof Haidt, Plauener Str. 123, Tel. 09281/73 10, Fax 73 11 00,* €€€

Hotel am Kuhbogen
Familiär geführtes Haus in zentraler Lage. Sauna. *45 Zi., Marienstr. 88, Tel. 09281/720 30, Fax 720 33 33, www.hotel-am-kuhbogen.de €*

Hotel Central
Traditionshotel. Restaurants *Kastaniengarten (€€€),* mit mediterraner Küche auf Gourmetniveau, und *Hofer Stuben (€€);* Wellness, Indoorgolf. *103 Zi., Kulmbacher Str. 4, Tel. 09281/60 50, Fax 624 40, www.hotel-central-hof.de, €€€*

AUSKUNFT

Tourist-Information Stadt Hof
Am Rathaus, Ludwigstr. 24, 95028 Hof, Tel. 09281/81 56 66, Fax 81 56 69, www.stadt-hof.de

ZIELE IN DER UMGEBUNG

Joditz   [117 D2]
Im dörflichen Idyll wuchs der Dichter Jean Paul auf. 1998 eröffnete das Ehepaar Schmidt das *Jean-Paul-Museum* im ehemaligen Pfarrhaus – so stimmig, dass Joditz zu einem Mekka der Jean-Paulianer wurde. Mit den Museumsgründern können Sie eine Führung verabreden *(nach Voranmeldung, Tel. 09295/81 88, Schlegelweg 2).* Es gibt auch einen Wanderweg auf Jean Pauls Spuren nach Hof. *8 km nordwestlich*

Mödlareuth   [117 D1]
Das Dorf, durch das bis 1989 die Grenze ging – ein »Little Berlin« mit Todesstreifen –, dokumentiert, wie die deutsche Teilung aussah: Freigelände und *Deutsch-Deutsches Museum (März–Okt. Di–So 9–18, Nov.–Feb. Di–So 9–17 Uhr. Töpen, 8 km nördlich*

Naturpark
Frankenwald   [116 B–C 1–3]
Die großen Fichtenwälder versucht man mit Rotbuche, Bergahorn, Esche und Tanne zu renaturieren. Charakteristisch für den 99 km^2 großen Naturpark sind die tief eingeschnittenen Täler, auf deren Bächen und Flüssen früher Flößerei betrieben wurde. Das *Höllental* bei Selbitz mit seinen bis zu 130 m hohen Felswänden und die *Steinachklamm* nordöstlich von Kulmbach bieten Spaziergängern und Wanderern großartige Landschaftsbilder. Der Flößerwanderweg begleitet die Rodach und die Wilde Rodach.

Lohnend sind auch die Heilquellen von *Bad Steben* mit neuer Therme, das edle Porzellan von *Tettau* und die nicht minder edlen handgefertigten Pralinen der *Confiserie Burg Lauenstein.* Die autofreie Straße um die Ködeltalsperre bei Mauthaus ist ein Eldorado der Inlineskater und Mountainbiker.

Selb   [117 F3]
Inmitten von bewaldeten Bergen liegt die Porzellanstadt Selb (18 500 Ew.) nahe der Grenze zur Tschechischen Republik. Man kann beachtliche Gestaltungen von Fabrikfassaden bewundern – zum Beispiel von Friedensreich Hundertwasser – und Porzellanbetriebe besichtigen. *Auskunft: Stadtverwaltung, Ludwigstr. 6, Selb, Tel. 09287/88 31 18, Fax 88 31 30.* Im südlich benachbarten *Hohenberg* an der Eger zeigt das erst jüngst erweiterte *Deutsche Porzellanmuseum (Freundschaft 2, Di–So 10–17 Uhr)* kreative Höhepunkte der führenden Manufakturen – ein wahres Fest guten Designs! *30 km südöstlich*

Wo Frankens Reben reifen

Fünf große, verschiedenartige Naturparks umrahmen eine der schönsten deutschen Weinlandschaften

Das Maindreieck um Würzburg und das Mainviereck um Wertheim und Klingenberg, dazu die Hänge des Steigerwalds um den Schwanberg stehen bei Weinfreunden in hohem Ansehen. Wein wurde in Mainfranken schon zur Zeit Karls des Großen angebaut.

Bis ins 8. Jh. reicht die Geschichte des Bistums Würzburg zurück. Dessen stolze Fürstbischöfe schmückten im 18. Jh. ihre Residenzstadt mit einem Schloss, wie es sich andernorts nur Kaiser oder Könige leisteten. Sie konnten sich der Hilfe des genialen Baumeisters der Barockzeit bedienen: Balthasar Neumann. Begonnen hatte der seine Karriere als Artillerieingenieur. Darum hat ihn Giovanni Tiepolo auf dem Deckenfresko der Residenz mit einer Kanone porträtiert.

Unterfranken ist mehr als nur Weinland. Nach Norden fährt man vom noblen Bad Kissingen in die weite Landschaft der Rhön und der Haßberge, nach Westen in die Wälder des Spessarts um Aschaffenburg. Sogar noch ein Stück Oden-

wald gehört zum bayerischen Franken. Das Liebliche Taubertal von Creglingen bis Wertheim, politisch Baden-Württemberg zugehörig, hat sich dem Fränkischen Tourismusverband angeschlossen.

ASCHAFFENBURG

[112 C3] Im westlichsten Bayern liegt die »Spessart-Metropole« Aschaffenburg (67 000 Ew.). Die industriell aktive Stadt am Mainbogen ist schon von weitem am Turmgeviert von Schloss Johannisburg zu erkennen. Die reichen Mainzer Kurfürsten schätzten die Sommerresidenz als Standquartier ihrer Hofjagden im Spessart. Im 18. Jh. legten sie auch die Parks von Schönbusch und Schöntal an. Der Bayernkönig Ludwig I. – seit 1814 gehörte der Spessart zu Bayern – nannte Aschaffenburg »mein bayerisches Nizza«.

SEHENSWERTES

Park Schönbusch

Insider Tipp

Friedrich Carl Joseph von Erthal, der vorletzte Kurfürst-Erzbischof von Mainz, wünschte sich einen

Hofkirche der Würzburger Residenz: die ganze verschwenderische Fülle barocker Architektur

künstlichen See, ein Schloss, einen separaten Speisesaal im Park, einen Tanzsaal – und kurz vor dem Ende des Ancien Régime wurde das alles geschaffen. Ludwig von Sckell, der große Gartenkünstler, entwarf 1785 eine Parkkonzeption, die das ganze Mainknie umfasste. Unter Einschluss des Nilkheimer Parks ist dieses Konzept im späten 20. Jh. aufgegriffen worden – der Schönbusch mit seinen wundervollen alten Bäumen wurde bis zum Main ausgeweitet. *Im Sommer Schönbusch-Serenaden. Park durchgehend geöffnet, Schloss April–Sept. Di–So 9–18 Uhr, Kleine Schönbuschallee 1*

Von Aschaffenburg ist es nicht weit zum *Naturpark Bergstraße-Odenwald* und zum Odenwald. Aber noch im Stadtgebiet spaziert man im *Park Schöntal* im Frühling unter blühenden Magnolienbäumen zu kleinen Seen. Östlich davon schätzen die Aschaffenburger bei der Fasanerie die *Großmutterwiese*. Und im Südwesten der Stadt breitet sich der *Nilkheimer Park* den Main entlang aus in Richtung auf Großostheim .

Pompejanum

★ An einem kleinen Weinberg über dem Main, von Schloss Johannisberg aus durch den Schlossgarten zu Fuß zu erreichen, baute Friedrich von Gärtner – dem München Bauten wie Siegestor, Feldherrnhalle und Universität verdankt – für König Ludwig I. 1840–48 nach dem Muster antiker römischer Villenarchitektur das Pompejanum. Im Innern schöne Fresken und Mosaiken. Von der 🔻 Gartenterrasse Blick auf Schloss und Main. *April bis Sept. Di–So 9–18 Uhr, Saint-Germain-Terrasse*

Sandkirche

Ein Rokokojuwel und die einzige Kirche Aschaffenburgs, die im Zweiten Weltkrieg nicht schwer beschädigt wurde. *Sandgasse*

Stiftskirche
St. Peter und Alexander

Älteste Kirche der Stadt. Unter den vielen Kunstwerken das anrührendste: die »Beweinung Christi« von Matthias Grünewald. *Kreuzgang Sa/So 13–17 Uhr, Stiftsgasse 1*

MUSEEN

Schloss Johannisburg

Imposantes Renaissanceschloss, erbaut 1605, mit mittelalterlichem Bergfried, nach 1945 wiederhergestellt. Außer den fürstlichen Räumen sind kostbare Gemälde, u. a. von Lucas Cranach d. Ä., zu sehen, im *Schlossmuseum* Kunstgewerbe. Raritäten sind die Architekturmodelle aus Kork. *April–Sept. Di–So 9–18, Okt.–März Di–So 10–16 Uhr*

Stiftsmuseum der Stadt

Sakrale Kunst und frühgeschichtliche Sammlung im Stiftkapitelhaus. *Di–So 11–17 Uhr, Stiftsplatz*

ESSEN & TRINKEN

Schlossweinstuben
Aschaffenburg

🔻 Mit Schlossterrasse, Hausausschank des Staatlichen Hofkellers Würzburg. *Tgl., im Schloss Johannisburg, Tel. 06021 / 124 40, €€*

ÜBERNACHTEN

Central

Hotel garni in der Fußgängerzone, kürzlich renoviert, mit Fahrradgara-

ge, Autozufahrt und mehr. *8 Zi.,
Steingasse 5, Tel. 06021/233 11 u.
233 92, www.hotel-central-aschaff
enburg.de, €– €€*

Wilder Mann
Hotel mit viel Komfort, einem Feinschmeckerrestaurant und eigenem
Weinberg. *74 Zi. u. 17 Apts. Löher
Str. 51, Tel. 06021/30 20, Fax
30 22 34, www.hotel-wilder-mann.
de, €€ – €€€*

AUSKUNFT

**Kongress- und Touristikbetriebe
Aschaffenburg**
*Schlossplatz 1, 63739 Aschaffen-
burg, Tel. 06021/39 58-00 und -01,
Fax 39 58 02, www.info-aschaffen
burg.de*

**Aschaffenburger
Personenschifffahrt**
Mit der »Sankt Martin« kann man
u. a. eine Mainschleifenfahrt unternehmen. *Tel. 06021/872 88, mobil
0171/895 18 44*

ZIELE IN DER UMGEBUNG

Amorbach [112 C5]
Der Abstecher in das Städtchen
(5000 Ew.) an der Nibelungen- und
Siegfriedstraße lohnt vor allem
wegen der *Abteikirche* aus dem
18. Jh. Der Innenraum ist eine
Schöpfung des Barocks voller Glanz
und Festlichkeit. Der Wessobrun-
ner Stuck, das prächtige schmiede-
eiserne Chorgitter des Würzburgers
Markus Gattinger und der Hochaltar fügen sich bei Konzerten mit der
3000-Pfeifen-Orgel zu einem Ge-
samtkunstwerk. *45 km südlich*

Klingenberg [112 C4]
Der Spätburgunder vom Klingen-
berger Schlossberg hat einen guten
Namen, wie das alte Städtchen
(6000 Ew.) mit seinen Rebhängen,
Weinstuben und Heckenwirtschaf-
ten. Von der Burg blieb nur noch eine Ruine, Schauplatz sommerlicher
Burgfestspiele. Man kann Streifzü-
ge durch die Weinbergterrassen
unternehmen und im *Weinbau- und*

MARCO POLO Highlights »Unterfranken«

★ **Pompejanum**
Antike in Aschaffenburg
(Seite 72)

★ **Mainfränkisches Museum**
Zeugnisse der Ritterzeit und
kostbare Riemenschneider-
Werke (Seite 82)

★ **Rokokopark**
Weitläufiges Gartenwunder
im Städtchen Veitshöchheim
(Seite 88)

★ **Romantik Hotel Zehntkeller**
Spitzenweine in Iphofens
Traditionslokal (Seite 87)

★ **Bürgerspital
zum Heiligen Geist**
Würzburger Weingut mit
malerischem Keller (Seite 79)

★ **Residenz**
Pracht des Barock: Grandios
ist Balthasar Neumanns
Treppenhaus (Seite 82)

Heimatmuseum (April–Okt. Mo–Fr 9–11, Sa/So 14–17 Uhr und nach Vereinbarung, Tel. 09372/92 12 59 oder 203 05) eine Weinprobe machen. *27 km südlich*

Lohr [113 E3]

Mit seinem fachwerkreichen Altstadtkern, dem Bootshafen am Main und dem *Spessartmuseum* gehört Lohr (16 500 Ew.), das sich »Tor zum Spessart« nennt, zu Mainfrankens weniger bekannten Schätzen. Im Museum Prunkspiegel aus dem 18. Jh., Spessart-Keramik und das nachgebildete »Wirtshaus im Spessart« *(Di–Sa 10–16, So 10–17 Uhr, Schlossplatz 1). 39 km östlich*

Insider Tipp Mespelbrunn [113 D3–4]

Zwischen waldgrünen Hügeln liegt das »Märchenschloss des Spessarts«. Die Familie Echter baute im 15. Jh. das Wasserschloss mit festem Turm. Besonders sehenswert: der Rittersaal, die Schlosskapelle mit Sterngewölbe, der Chinesische Salon und der Gobelinsaal. Viel altes Mobiliar und ein 8 x 3,40 m großer Bildteppich (1564) mit einem Echter-Familienporträt *(Mitte März bis Mitte Nov. Mo–Sa 9–12 u. 13–17, So 9–17 Uhr).* Auskunft: *Fremdenverkehrsverein, Hauptstr. 164, Mespelbrunn, Tel. 06092/319, Fax 55 37. 15 km südöstlich*

Miltenberg [113 D5]

Wer Fachwerkfassaden liebt, muss nach Miltenberg (9400 Ew.). Auf schmalem Gelände am Fluss entstanden seit dem Mittelalter einige der schönsten und – wegen des knappen Baugrunds – auch höchs-

Das Wasserschloss Mespelbrunn, ein Kleinod im Spessart

ten deutschen Fachwerkhäuser. Berühmt sind das *Schnatterloch,* einer der malerischsten alten deutschen Plätze, und das *Gasthaus Riesen,* 1590 als »Fürstenherberge« fünfgeschossig mit 100 Eichenstämmen errichtet. *40 km südöstlich*

Naturpark Bayerischer
Spessart   [112–113 C–E3]
Weil die Mainzer Kirchenfürsten das Jagdvergnügen in den Spessartwäldern sehr schätzten, bremsten sie die Besiedlung. Das nutzte auch dem Wald, der aber durch Glashütten und Bergbau schwer geschädigt und erst seit 1814 unter bayerischer Herrschaft wieder aufgeforstet wurde. Im Hochspessart überdauerten schöne Alteichen- und Buchenforste (Naturschutzgebiete Rohrberg und Metzgergraben). In dem 171 km^2 großen Naturpark kommt der Schwarzspecht vor, daher auch der Name: »Spechtshaardt«.

Naturpark Bergstraße-
Odenwald   [112 B–C 5–6]
Südlich von Aschaffenburg bis nach Amorbach erstreckt sich der 399 km^2 große, waldreiche Naturpark. Für Wanderer fügen sich nahtlos die hessischen Gebiete des Bergstraße-Odenwald-Naturparks und die baden-württembergischen des Neckartal-Odenwald-Naturparks an. Felsformationen wie die »Staffel« bei Bürgstadt und die »Steinhöhle« bei Heppdiel/Eichenbühl stehen unter Naturschutz.

BAD KISSINGEN

[114 B3] Vom Salz zur Gesundheit – das ist Bad Kissingens (24 400 Ew.) Weg durch die Geschichte.

Zwei Salzquellen begründeten den Wohlstand. Die Würzburger Fürstbischöfe sicherten sich 1297 die Herrschaft und gaben sie erst 1803 ab; 1814 fiel die Stadt an das Königreich Bayern.

Balthasar Neumann, der das barocke Langhaus der Marienkapelle errichtete, verlegte 1737 auch den Lauf der Saale, um den vom Hochwasser bedrohten Badbrunnen zu schützen. Dabei entdeckte ein Kissinger Apotheker, Georg Anton Boxberger, die heute als *Rakoczy* bekannte Heilquelle. Gekrönte Häupter unter den Gästen hoben das Renommee der Badekuren, 1883 wurde mit Erlaubnis König Ludwigs II. aus Kissingen »Bad Kissingen«, mit zahlreichen Heilanzeigen, von Stoffwechsel- und Kreislauf- bis zu Wirbelsäulen- und Gelenkerkrankungen.

Der *Kissinger Sommer* ist als internationales Musikfestival ein Hauptereignis – mit rund fünfzig Konzerten von höchstrangigen Orchestern und Solisten im Regentenbau, in Kirchen und Klöstern zwischen Mitte Juni und Mitte Juli. Sein Pendant ist der *Kissinger Winterzauber,* mit »Klangwelten« von E-Musik bis Jazz und Folklore Anfang Dezember bis Anfang Januar.

SEHENSWERTES

Altenberg
Parkanlage mit »Kissinger Walhalla« und 🔽 Aussichtsplateau beim achteckigen Tempel von 1847.

Bismarck-Museum
Reichskanzler Otto Fürst von Bismarck verbrachte in Bad Kissingen fünfzehn Kuraufenthalte. 1874 wurde auf ihn beim heutigen Hotel

Jugendstil trifft Klassizismus im Kurpark von Bad Kissingen

Kissinger Hof ein Attentat verübt. *Mi–So 14–17 Uhr, Obere Saline 20*

Burgruine Botenlauben
Der Ritter, Kreuzfahrer und Minnesänger Otto von Botenlauben hatte im frühen 13. Jh. hier seinen Sitz. Die Burg wurde im Bauernkrieg zerstört. Burgfest im September.

Kuranlagen
Jugendstil und Klassizismus prägen die gepflegten Anlagen mit Arkadenbau, Brunnenhalle und Regentenbau.

Postkutschenfahrt
Mit einer original nachgebauten Biedermeierpostkutsche geht es zu Ausflügen in die Umgebung. *Mai bis Okt. So, Mo, Mi u. Fr nach Bad Bocklet, Di, Do u. Sa zum Schlossmuseum Aschach, jeweils um 14 Uhr vom Telekomgebäude, Münchner Str. 5, Tel. 0971/715 74 52*

ESSEN & TRINKEN

Hofmann
Weinstube mit fränkischen Spezialitäten. *Mi geschl., Weingasse 4, Tel. 0971/26 19, €€*

Laudensacks Parkhotel
Feinschmeckerrestaurant in kleinem Hotel, Jugendstilambiente im Park. *Mo, Di und mittags geschl., Kurhausstr. 28, Tel. 0971/722 40, Fax 72 24 44, €€€*

Ratskeller
Gemütliche Traditionsadresse. Gutbürgerliche Küche. *Tgl., Rathausplatz 1, Tel. 0971/600 01, €€*

ÜBERNACHTEN

Bristol
Familiäre Atmosphäre, persönlicher Service. Schwimmbad, Kosmetik, Sauna, Badeabteilung, feine Küche.

48 Zi., Bismarckstr. 8–10, Tel. 0971/82 40, Fax 824 58 24, €€

Villa Arnold
Nahe bei den Badehäusern, im Restaurant auch Diät- und Schonkost. 15 Zi., Menzelstr. 23, Tel. 0971/ 722 20, Fax 72 22 50, €€

FREIZEIT & SPORT

Vom Angeln in der Fränkischen Saale bis zum Wandern ist fast alles möglich: Tennis, Squash und Golf, Schießen, Reiten, Jagen und Segelfliegen. Sehr schön ist das Terrassenfreibad am Ballinghain (24 Grad), auch Hallenwellenbad und Mineral-Bewegungsbad (32 Grad).

AM ABEND

Aufführungen im stimmungsvollen *Staatlichen Kurtheater* mit seinem silbernen Jugendstildekor, Symphoniekonzerte und Festbälle im *Regentenbau* an der Fränkischen Saale. Abwechslung bieten auch die *Bayerische Spielbank Bad Kissingen* im Luitpold-Casino im Luitpoldpark *(tgl. ab 15 Uhr)* und für Tanzlustige das *Tanzcafé Piazzetta* im *Hotel Sonnenhügel (tgl. 18–1 Uhr, Burgstr. 15, Tel. 0971/830).*

AUSKUNFT

Bayerisches Staatsbad Bad Kissingen GmbH
Am Kurgarten 1, 97688 Bad Kissingen, Tel. 0971/ 804 80, Fax 804 83 29, www.badkissingen.de

Kissinger Sommerfestival Büro
Maxstr. 23, 97688 Bad Kissingen, Tel. 0971/80 71 10, Fax 80 71 91, www.kissinger-sommer.de

ZIELE IN DER UMGEBUNG

Aschach [114 B2]
Unter hoch ragendem Treppengiebel ist im *Schloss Aschach* (16. Jh.) eine exquisite Sammlung europäischer und ostasiatischer Kunst zu besichtigen, die von den Grafen Luxburg zusammengetragen wurde. Außerdem *Schulmuseum und Volkskundemuseum (April–Sept. Di–So 14 bis 18, Okt. bis 17 Uhr, Führungen: Tel. 09708/61 42). 7 km nördlich*

Hammelburg [114 B3]
Mit alter Stadtmauer und Wehrtürmen, einer schönen spätgotischen Kirche und noch älterer Weinbautradition: Eine Urkunde Karls des Großen bezeugt Hammelburger Reben schon im Jahre 777. Die Weine des Städtischen Weinguts kostet man auf Schloss Saaleck (Saaleckstr. 1, Tel. 09732/20 20, Fax 20 23, auch 13 Zi., €€ – €€€) in historischem Ambiente, mit schönem Blick auf Stadt (12 900 Ew.) und Saaletal. *20 km südwestlich*

Königsberg (Bayern) [115 D–E4]
Rothenburg kennt jeder, aber wer kennt das Städtchen Königsberg am Rand des Naturparks Haßberge? Altes Pflaster, gut erhaltenes Fachwerk, idyllische Winkel – und selten touristisches Gedränge. Ausnahme: das Königsberger *Pfingstfest* – das wird nach altem Brauch mindestens drei Tage gefeiert. In einer Häuserreihe zwischen Markt und einst staufischem Burghügel ist das Geburtshaus des Astronomen und Mathematikers Regiomontanus zu finden, an anderen Häusern sind biblische Buchstabenrätsel zu entschlüsseln. Und der Kunsthandwerkerhof ist in Häuser wie aus dem

Märchen eingezogen. Seit 1788 schon kehrt man im *Goldenen Stern* ein, mit lobenswerter Küche *(15 Zi., Am Marktplatz 6, Tel. 09525/922 10, Fax 92 21 33, €). 57 km südöstlich*

Münnerstadt [114 C2]

Ein Meisterwerk Tilman Riemenschneiders in der *Pfarrkirche St. Maria Magdalena* macht den Ruhm Münnerstadts (8200 Ew.) aus – obwohl sein Maria-Magdalena-Altar in der Barockzeit abgerissen wurde und die meisten Tafeln und Figuren später ins Bayerische Nationalmuseum und in die Berliner Gemäldegalerie kamen. Der Bildschnitzer Lothar Bühner schuf einfühlsam Kopien, sodass 1981 die Rekonstruktion des Hochaltars gelang.

In Münnerstadt sind auch das Deutschherrenhaus mit dem Hennebergmuseum, das Rathaus und das Augustinerkloster sehenswert. Übernachten kann man *Bayerischen Hof (21 Zi., Marktplatz 9, Tel. 09733/787 80, Fax 78 78 79, €€–€€€). 12 km nordöstlich*

Naturpark Bayerische Rhön [114 B–C 1–3]

Das fränkisch-hessisch-thüringische Rhöngebirge mit dem 1240 km^2 großen Naturpark ist 1991 von der Unesco zum Biosphärenreservat Rhön erklärt worden. Die Leitregel »Wirtschaften im Einklang mit der Natur« gilt auch für den Tourismus. Das fängt bei regionaler Gastronomie und naturbelassenem Obst an, z. B. aus *Hausen,* wo ein Streuobstlehrpfad durch ein Wiesental führt – oder auch bei hausgebrannten Kräuterschnäpsen aus *Bischofsheim.* Dörfer und kleine Städte sind von unverbrauchtes Landschafts-

weiten umgeben, mit Wacholderheiden, die sich zum Wandern, Radeln und Wanderreiten anbieten. Beispiel eines seltenen Hochmoor-Naturschutzgebiets ist das *Schwarze Moor* an der Hochrhön-Straße, mit Naturlehrpfad.

Als bedeutende Zeugnisse der Kultur sollte man die mittelalterliche *Kirchenburg* von *Ostheim* und das *Freilichtmuseum Fladungen* besuchen. Auskunft: *Tourist Info Rhön, Haus der Schwarzen Berge, Rhönstr. 97, Wildflecken/Oberbach, Tel. 09749/912 20, Fax 91 22 33, www.naturpark-rhoen.de*

Naturpark Haßberge [115 E–F 3–4]

Historisch war das 80 km^2 große Gebiet zwischen Main und Thüringen ein bunter Fleckerlteppich adliger Herrschaften. 15 Burgen und 26 Schlösser erinnern noch heute daran. Einzigartig in Deutschland ist der *Burgenkundliche Lehrpfad Haßberge.* Zum Naturparkkonzept gehören auch der *Rennweg,* der *Burgen- und Schlösserwanderweg,* der *Kelten-Erlebnisweg* und der *Amtsbotenweg* von Königsberg nach Coburg.

Naturfreunde finden Wiesentäler mit Wollgras und Knabenkräutern. Eine pittoreske Sandsteinformation zeigt der *Rhät* mit den Felsengärten von Lichtenstein, Pfarrweisach und Hafenpreppach. Schönste Ausblicke auf den Naturpark bieten sich sowohl von der ⚜ Schwedenschanze (einem einstigen keltischen Ringwall) bei Hofheim wie auch vom ⚜ Zimmerauer Aussichtsturm. Auskunft: *Tourist Information Haßberge, Obere Sennigstr. 4, Hofheim, Tel. 09523/922 90, Fax 267*

Schweinfurt [114 C4]

Mit Wälzlagern gewann Schweinfurt seinen Ruf als Industriestadt. Da ist man überrascht, auf dem autofreien Marktplatz vor einem stattlichen *Renaissance-Rathaus* zu stehen. Ein Wahrzeichen ist der achteckige *Schrotturm* aus dem 17. Jh., von protestantischen Glaubensflüchtlingen erbaut und später zur Fabrikation von Schrotkugeln benutzt. Ein Stadtrundgang führt in ein beschauliches, schön restauriertes Altstadtviertel. Neueste Attraktion ist das *Museum Georg Schäfer,* das in einem Neubau des Berliners Volker Staab eine großartige Sammlung deutscher Malerei des 19. und frühen 20. Jhs. zeigt, gestiftet von dem Industriellen Georg Schäfer *(Di–So 10–17, Do bis 21 Uhr, Brückenstr. 20). 24 km südöstlich*

WÜRZBURG

Karte auf Seite 122

[114 B5–6] Der Blick von der historischen Mainbrücke mit ihren barocken Heiligen hinauf zur Festung Marienberg, die Herrlichkeit der fürstbischöflichen Residenz, die Weingewölbe des Staatlichen Hofkellers – all das ist ohnegleichen. Als moderne Universitäts- und Kongressstadt inmitten von Weinbergen lebt Würzburg (130 000 Ew.) auch immer noch aus seiner über 1300-jährigen Geschichte: keltische Fliehburg um 1000 v. Chr., fränkischer Herzogssitz um 650 n. Chr., um 689 dann Mordstätte: Der iroschottische Missionar Kilian erlitt mit seinen Gefährten Kolonat und Totnan den Märtyrertod. 742 wurde das Bistum gegründet, 1156 heiratete Friedrich Barbarossa in Würzburg Beatrix von Burgund (das barocke Deckenfresko im Kaisersaal der Residenz feiert das Ereignis allegorisch). Im Bauernkrieg lehnte sich die Bürgerschaft vergeblich gegen die geistliche Macht auf.

1814 kam die Stadt zu Bayern, geriet in ein provinziell-idyllisches Abseits. Am 16. März 1945 wurde Würzburg in nur 17 Minuten fast vollständig zerstört (Modell der zerstörten Stadt im Gedenkraum des Rathauses). Das wieder aufgebaute Würzburg ist ein Ort vielfältiger kultureller Angebote, kulinarischer Weinproben und heiterer Feste mit unzähligen Sehenswürdigkeiten.

SEHENSWERTES

Alte Mainbrücke

Das spätgotische Brückenbauwerk, ursprünglich von 1133, wurde im 18. Jh. mit zwölf überlebensgroßen Statuen geschmückt. Im Süden: die Heiligen Bruno, Burkard, Kolonat, Jungfrau Maria, Kilian und Totnan, im Norden: Karl der Große, Carl Borromäus, Nepomuk, Joseph mit Jesusknabe, Friedrich und Pippin.

Alter Kranen

Ein Industriedenkmal, 1767–73 von Franz Ignaz Neumann, dem Sohn Balthasar Neumanns, erbaut. *Mainkai*

Bürgerspital zum Heiligen Geist

★ Eine Bürgerstiftung von 1319, mit gotischer Kirche und schönem Arkadenbau des 18. Jhs. im Hof. Dazu Weingut mit hochberühmten Lagen und Kreszenzen, mit Restaurant, Weinstube und Weinbar. *Kellerführungen, Theaterstr. 19, Tel. 0931/350 30*

Dom St. Kilian

Die viertgrößte romanische Kirche Deutschlands. Nach Einsturz des Langhauses 1946 begann eine umstrittene Restaurierung, die romanische, barocke und moderne Formen zusammenführt. Bemerkenswert: Balthasar Neumanns *Schönborn-Kapelle (wegen Eintritt beim Küster fragen)*, die Kanzel und die großen Bischofsgrabmale von Tilman Riemenschneider. *Domstraße*

Festung Marienberg

Bis sie sich von Balthasar Neumann ihre neue Residenz bauen ließen, residierten die Fürstbischöfe auf der prächtig über der Stadt gelegenen Burg (1253–1719). Sehenswert: das Scherenbergtor von 1482 mit dem Kiliansturm, die unter Fürstbischof Julius Echter erbaute Echter-Bastei von 1600 und die großen Basteien der Schönborn-Bischöfe, im innersten Hof die Marienkapelle, der 102 m tiefe, kreisrunde Zisternenschacht mit dem achteckigen Brunnenhaus, der gotische Bergfried (mit Verlies), schließlich der ❧ Fürstengarten mit großartigem Ausblick. Im Bauernkrieg wurde Tilman Riemenschneider im Sonnenturm unter Folter verhört. *20 Min. Fußweg ab Tellsteige bei der Alten Mainbrücke. Führungen April–Okt. di–Fr 11, 14, 15 Uhr, Sa/So 10–16 Uhr stündlich*

Grafeneckart/Rathaus

Nahe der Alten Mainbrücke entstand um den romanischen Geschlechterturm Grafeneckart seit 1316 der Rathauskomplex mit dem Wenzelsaal und dem Ratskeller, später wurden der Rote Bau und das Karmelitenkloster einbezogen. *Markt*

Haus zum Falken

1751/52 wurde der stattliche Renaissancebau mit einer Stuckfassade geschmückt – seither das schönste Haus der Stadt. *Markt*

Hofkirche

Barockarchitektur in festlicher Vollendung, ein Hauptwerk Balthasar Neumanns, bei dem Giovanni Tiepolo als Freskenmaler, Stuckateur Antonio Bossi und Bildhauer Jo-

Blick von der Alten Mainbrücke auf die Festung Marienberg

Die Bäcken

Vom Weinprivileg der Würzburger Bäckermeister

Wer mit offenen Augen durch Würzburg geht, dem wird sicherlich bald auffallen, wie viele Weinstuben und Kneipen hier den Zusatz »Bäck« in ihrem Namen haben. Zurückzuführen ist dies auf die lange Tradition der Bäcken. Noch vor hundert Jahren war es den Bäckermeistern erlaubt, Wein auszuschenken, teils auch aus eigenem Anbau. Die Bäcken sind bis heute sehr beliebt, und mindestens eine hält sich auch an den Brauch, dass die Gäste ihre Brotzeit selber mitbringen können: das *Maulaffenbäck* in der *Maulhardgasse 9 (Mo–Sa 10–24, So 15–23 Uhr, Tel. 0931/523 51, €)*. Früher zahlten die Gäste dafür ein kleines Besteck- bzw. Tellergeld – heute wird das gerne gratis gegeben.

hann Wolfgang von Auvera (1727–32) mitwirkten. *April–Okt. tgl. 9–18, Nov.–März tgl. 10–16.30 Uhr, Residenzplatz*

Juliusspital
Die karitative Stiftung des Fürstbischofs Julius Echter von 1576 mit dem Fürstenbau (um 1700) und der Rokokoapotheke ist weiterhin tätig, vor allem in den modernen Erweiterungsbauten. Weinstube und Weinkeller sind angeschlossen. *Klinikstr. 1, Tel. 0931/393 14 06*

Käppele
Über dem linken Mainufer in schönster Lage: die Wallfahrtskirche (1747–50) von Balthasar Neumann, mit zwei schlanken Zwiebeltürmen neben der beherrschenden Kuppel. Im Mirakelgang viele Votivgaben, Kreuzweg mit lebensgroßen Figurengruppen in 14 Kapellen.

Lusamgarten
Ehemaliger Kreuzgang der Neumünsterkirche, wo die Stiftsherren begraben wurden, angeblich auch der Minnesänger Walther von der Vogelweide. *Zugang nördlich vom Chor der Neumünsterkirche*

Marienkapelle
Historisch und künstlerisch eine der wichtigsten Kirchen Würzburgs, von der Bürgerschaft im hochgotischen Stil 1393–1480 erbaut. Schöne Bildhauerarbeiten in den drei Portalen, über dem nördlichen eine originale Auslegung der unbefleckten Empfängnis: Das Christuskind rutscht auf einem Schlauch vom Mund Gottvaters in Marias Ohr. Die Adam- und Eva-Figuren am Marktportal sind Kopien, Riemenschneiders Originale befinden sich im Mainfränkischen Museum und im Dom. *Am Markt*

Neumünster
Eine ursprünglich romanische Basilika, die über der Krypta mit den Gräbern des hl. Kilian und seiner Gefährten errichtet wurde. Riemenschneider-Madonna und eindrucksvolles Kruzifix aus dem 14. Jh. *Schönbornstraße*

Treppenhaus der Residenz: ein Meisterwerk von Balthasar Neumann

Pleich

Die Pleich ist ein Stadtviertel mit stillen Höfen und schmalen Durchgängen, das von Krieg und Abriss bewahrt blieb und restauriert wird. *Südlich vom Congress-Centrum*

Residenz

⭐ An anderen Schlössern hat man Jahrhunderte gebaut, dieses entstand in nur zwei Jahrzehnten, zwischen 1720 und 1744 – dank des Baueifers der Würzburger Fürstbischöfe, voran Johann Philipp Franz von Schönborn, und dank der organisatorischen Begabung, über die Hofbaumeister Balthasar Neumann neben seiner künstlerischen auch verfügte. Großartig ist das Treppenhaus des Unesco-Weltkulturerbes mit seinem freitragenden Gewölbe und dem 32 x 19 m großen Deckenfresko von Giovanni Battista Tiepolo, in prunkendem Barock glänzen Gartensaal, Weißer Saal und Kaisersaal, Grünlackiertes Ka-

binett und Spiegelkabinett. *April bis Okt. tgl. 9–18, Nov.–März tgl. 10–16.30 Uhr*

MUSEEN

Fürstenbau-Museum

Wohnwelt der Fürstbischöfe sowie hochinteressante Stadtmodelle. *April–Okt. Di–So 9–18, Festung Marienberg*

Mainfränkisches Museum

⭐ Große Tilman-Riemenschneider-Sammlung, Zeugnisse fränkischer Kultur und Weinkultur sowie eine sehenswerte vorgeschichtliche Abteilung. *April–Okt. Di–So 10–17, Nov.–März Di–So 10–16 Uhr, Festung Marienberg*

Martin-von-Wagner-Museum

Nach dem erfolgreichen Kunstagenten König Ludwigs I. benannt. Große Sammlung antiker Vasen. *Antikensammlung: Di–Sa 14–17,*

So 9.30–12.30 Uhr, Gemäldegalerie Di–Sa 9.30–12.30, So 9.30–12.30 Uhr (im Wechsel mit Antikensammlung), grafische Sammlung Di u. Do 16–18 Uhr, Residenz, Tor A

Museum im Kulturspeicher

Kunst des 19. bis 21. Jhs., im gleichen Haus befinden sich auch die Kabarettbühne *Bockshorn* und das Restaurant *Lumen*. *Di 13–18, Mi 11–18, Do 11–19, Fr–So 11–18 Uhr, Veitshöchheimer Str. 5*

Siebold-Museum

Ein Muss für Japanfreunde. Philipp Franz von Siebold reiste und sammelte 1859–62. *Di–So 15–17, Sa/So a. 10–12 Uhr, Frankfurter Str. 87*

ESSEN & TRINKEN

Backöfele

Fränkisches Speiselokal mit einem eigenen Weinberg, sehr kommunikativ. *Tgl., Ursulinergasse 2, Tel. 0931/590 59, €€*

Joe's

🏃 Insiderlokal der Würzburger Jugendszene. *Tgl. 17–1 Uhr (Happy Hour 17–20 Uhr), Juliuspromenade 1, Tel. 0931/57 12 38, €€*

Nikolaushof

In schönster Lage, direkt beim Käppele, bietet der Nikolaushof mehrere Lokale von der Gartenwirtschaft bis zum Restaurant mit internationaler Küche. *Mo geschl., Spittelbergweg, Tel. 0931/79 75 00, €–€€€*

Schiffbäuerin

Preisgünstiges Fischspezialitätenlokal. *Mo geschl., Katzengasse 7, Tel. 0931/424 87, €–€€*

Schützenhof

Insider Tipp

↙ Ein Aussichtsrestaurant vom Schönsten, nahe beim Käppele, mit fränkischen Weinen. Dazu ein hauseigener Esel, Kaninchen und Ponys für die Kinder. *März–Mitte Dez. tgl. , Mainleitenweg 48, Tel. 0931/724 22, www.schuetzenhof. de, €– €€*

Sternbäck

Anheimelnd urige, zentral gelegene Kneipe mit Biergarten. *Tgl., Sterngasse/Domgasse, Tel. 0931/540 56*

Zum Stachel

Würzburgs älteste Traditionsweinstube mit Garten. *So Ruhetag, Gressengasse 1, Tel. 0931/527 70, €€–€€€*

EINKAUFEN

Frankenwein im Bocksbeutel gibt's bei den drei großen Traditionsweingütern *Bürgerspital (Theaterstr. 19), Juliusspital (Klinikstr. 5)* und *Staatlicher Hofkeller (Residenzplatz 3)* oder beim *Haus des Frankenweins (Kranenkai 1)*. Trachten finden Sie bei *Frankonia Jagd (Randersackerer Str. 5)* und beim *Bayern Shop Felix Kehl (Gerberstr. 1)*, Schmuck, Silber und englische Möbel bei *Antiquitäten Ebinger (Karmelitenstr. 19)*. Würzburg ist ein ideales Pflaster für Antiquitätenliebhaber.

ÜBERNACHTEN

Hotel Fischzucht

4 km südlich des Zentrums, nahe der Autobahnabfahrt Heidingsfeld. Restaurant mit gutbürgerlicher Küche. *29 Zi., Julius-Echter-Str. 15, Tel. 0931/61 98 70, Fax 619 87 50, www.hotel-fischzucht.de, €€*

Ibis
Fürs preisgünstige Wohnen in kleinen, doch praktisch ausgestatteten Zimmern. *111 Zi., Veitshöchheimer Str. 5 b, Tel. 0931/452 20, Fax 452 22 22,* €

Jugendherberge Würzburg
Am Fuß der Feste Marienberg, meist 4- und 6-Bett-Zimmer. *254 Betten, Burkarderstr. 44, Tel. 0931/ 425 90, Fax 41 68 62, Übernachtung ab 17 Euro, ganzjährig, DJH-Ausweis nötig*

Wittelsbacher Höh
Ruhiges, historisches Haus oberhalb der Weinberge mit weiter Aussicht und Blick auf die Festung Marienberg, Sauna. *74 Zi., Hexenbruchweg 10 (3 km außerhalb), Tel. 0931/45 30 40, Fax 41 54 58, www. wuerzburg-hotel.de,* €€ – €€€

Zur Stadt Mainz
Traditionshaus mit altfränkischem Restaurant. *15 Zi., Semmelstr. 39, Tel. 0931/531 55, Fax 585 10, www. hotel-stadtmainz.de,* €€ – €€€

AM ABEND

Omnibus ist seit Jahrzehnten als Musik- und Jazzkneipe empfehlenswert *(Theaterstr. 10, Tel. 0931/ 561 21).* Die Kneipenszene konzentriert sich an der Juliuspromenade und in der Sanderstraße, eine urgemütliche, etwas teure Weinstube ist dort *Till Eulenspiegel (tgl. 18–24 Uhr, Sanderstr. 1a, Tel. 0931/ 355 84 18).* Treff der Szene ist die *Café-Bar Victoria (tgl. 8–1 Uhr, Neubaustraße).* Die Studentenszene trifft sich im *Chambinzky (tgl. 19–1 Uhr, Valentin-Becker-Str. 2).* Zum Flirten geht man zum *Nachtwäch-*

ter (Korngasse 16). Würzburgs größter Biergarten ist der *Hofbräukeller (Höchbergerstr. 28).* Die Restaurant-Bar *Lumen* liegt am Main und günstig für Kulturspeicher- und Cinemaxx-Besucher *(Veitshöchheimer Str. 5, Tel. 0931/460 09 44).*

Außer dem *Mainfrankentheater (Theaterstr. 21, Tel. 0931/390 80)* spielen das *Theater im Chambinzky (Tel. 0931/512 62)* und die *Werkstattbühne e. V. (Rüdigerstr. 4, Tel. 0931/594 00).*

AUSKUNFT

Congress Tourismus Wirtschaft
Am Congress Centrum, 97070 Würzburg, Tel. 0931/37 23 35, Fax 37 36 52, www.wuerzburg.de

Tourist Information
Falkenhaus am Markt, Jan.–März Mo–Fr 10–16, Sa 10–13 Uhr, April bis Dez. Mo–Fr 10–18, Sa 10–14 Uhr, Mai–Okt. zusätzlich So 10–14 Uhr, Tel. 0931/37 23 98

Schiffsfahrten
*S*chiffstouristik Kurth & Schiebe, Alter Kranen (Roter Kiosk), Tel. 0931/ 585 73. Abwechselnd mit *Veitshöchheimer Personenschiffahrt, Alter Kranen (Weißer Kiosk), Tel. 0931/556 33*

ZIELE IN DER UMGEBUNG

Bad Mergentheim   [118 A2]
Gepflegte, ruhige Eleganz strahlt der Kurpark an der Tauber aus, mit Rosengarten, japanischem Garten, Klanggarten und hochrangigen Kunstausstellungen. Andere Attraktionen der Residenzstadt (23 000 Ew.) sind der Badepark *Solymar*, Europas artenreichster Heimattier-

park auf 25 ha *(tgl. 9–18 Uhr; www. wildtierpark.de)* und als wichtigstes historisches Zeugnis in der Altstadt das Schloss des Deutschen Ordens, heute *Deutschordensmuseum Bad Mergentheim* mit bedeutenden Sammlungen zur Kunst- und Kulturgeschichte, von den Ordensrittern bis zu putzigen Puppenstuben der Urgroßelternzeit *(April–Okt. Di–So 10.30–17 Uhr, Nov.–März Di–Sa 14–17, So 10.30–17 Uhr).*

Vielfältig sind die Angebote, gut zu speisen; beim *Städtischen Kultur- und Verkehrsamt (Marktplatz 3, Tel. 07931/571 31, Fax 573 00, www.bad-mergentheim.de)* gibt's dazu den kleinen Führer »Für Leib und Seele«. *50 km südwestlich*

Nur 7 km südlich, im Dörfchen *Stuppach,* begegnet man der berühmten Stuppacher Madonna, 1519 gemalt von Mathias Nithardt, genannt Grünewald.

Castell [119 D1]

Steil hinauf geht es in den Weinort (800 Ew.), dessen Schloss aus dem 17. Jh. die Residenz der Fürsten Castell-Castell ist. Weine des fürstlichen Weinguts kostet man im Restaurant *Weinstall (Mo/Di geschl., Schlossplatz 5, Tel. 09325/90 25 61, www.castell.de, €€ – €€€). 38 km südöstlich*

Creglingen [118 B2]

300 Jahre ruhte Tilman Riemenschneiders *Marienaltar* von 1505–10 mit seinen Figuren und fragilem Maßwerk in einem Bretterschuppen versteckt. Nach der Reformation und damit dem Ende des Creglinger Marienkults beiseite geräumt, wurde das kostbare Meisterwerk der Herrgottskirche erst 1832 wieder aufgefunden. Garten-

freunden zu empfehlen: der 2004 wieder zum Leben erweckte historische *Rosengarten* am *Romschlössle (Führungen: Tel. 07933/72 01).* Steil den Talhang hinaufgebaut, zeigt Creglingen sich mit Resten der Stadtmauer, Türmen und Türmchen mittelalterlich verwinkelt inmitten verlockender Wanderlandschaft. *www.creglingen.de, 43 km südöstlich*

Etwa 5 km abseits im Dörfchen *Standorf* ist die spätromanische achteckige Ulrichskapelle zu entdecken. Hier wurde möglicherweise nach dem 5. Kreuzzug (1228/29) das legendäre Grabtuch Christi (Turiner Grabtuch) bewahrt. Hinweise darauf gibt eine längliche Steinplatte im Boden der Kapelle *(Auskunft im Hofgebäude bei der Kapelle).*

Dettelbach [114 C6]

Altfränkisch idyllisch liegt Dettelbach (6500 Ew.) im Ring der 36 Wehrtürme mit dem spätgotischen Ratshaus und der *Wallfahrtskirche Maria im Sand.* Interessant der freistehende Gnadenaltar, an dessen vier Seiten vier Priester gleichzeitig die Messe zelebrieren können. Der *MainFrankenPark Dettelbach* am Biebelrieder Kreuz bietet u. a. Multiplexkinos, eine Edelautoschau, die Disko *A3 Musicworld,* das *Motel Pelikan* und Restaurants *(Tel. 09302/93 11 00). 20 km östlich*

Insider Tipp

Frickenhausen [118 C1]

Der kleine Winzerort (1200 Ew.) wurde zum denkmalpflegerischen Modell ausersehen und restauriert. Schöne Mariensäule, in den Weinbergen die Valentinuskapelle von 1699, Wanderwege den Main entlang und die Rebhänge hinauf, dazu gibt's *Ehrbar's Fränkische Weinstu-*

*Fränkische Kleinstadtromantik:
Das Rödelseer Tor in Iphofen*

be *(Mi–So 10–24 Uhr, Hauptstr. 17,
Tel. 09331/651, €€ – €€€),* eine
renommierte Feinschmeckeradres-
se. *21 km südöstlich*

Gemünden [114 A4]
Die Drei-Flüsse-Stadt (12 000 Ew.)
an der Mündung von Sinn und Saale in den Main liegt malerisch zwischen Fluss und Berg. Schiffsausflü-
ge, Radwege den Main entlang, Baden im Freien und im Ozonhallen-
bad. Eines der ältesten Gasthäuser

heißt *Zum Koppen* und kann sich
rühmen, auch von Joachim Ringel-
natz gelobt worden zu sein *(tgl.,
Obertorstr. 22, Tel. 09351/975 00,
www.hotel-koppen.de, €€).* 39 km
nordwestlich

Gerolzhofen [115 D5]
In der kleinen Weinstadt (7000
Ew.) am Rand des Steigerwalds
zeigt im *Museum Altes Rathaus* das
erste bayerische Schulmuseum eine
Klassenzimmereinrichtung aus der
Zeit um 1900 *(Öffnungszeiten über
Touristinformation, Marktplatz 20,
Tel. 09382/90 35 12, www.gerolz
hofen.de). 50 km nordöstlich*

Iphofen [114 C6]
Die Würzburger Fürstbischöfe hatten hier, 31 km südwestlich, ihre
Amtskellerei: das heutige Restaurant Zehntkeller. Sie wussten die
Lagen Iphöfer Burgweg und Dom-
herr, Julius-Echter-Berg und Iphöfer
Kalb zu schätzen, die bis heute Spitzenweine hervorbringen. Iphofen
(4500 Ew.) am Fuß des Schwanbergs gehört zu den sehr alten fränkischen Städten (schon 741 genannt). Marktplatz, Rödelseer Tor,
die St.-Veit-Kirche mit schönen
Glasgemälden (15. Jh.) im Chor
und das barocke Rathaus lohnen
den Besuch. Weinland und Wälder,
auch der *Schwanberg,* sind zu er-
wandern oder zu eradeln *(Zweirad
Hermann, Bahnhofstr. 36).*

In und bei Iphofen gibt es zwei
interessante Museen: das *Knauf-
Museum* der Westdeutschen Gips-
werke zeigt Skulpturen der Hethi-
ter und Ägypter, Griechen und Römer, aus Mittelamerika und aus In-
dien – in Gipsabgüssen *(März/April
bis Okt./Nov. Di–Sa 10–12 u.
14–17, So 14–18 Uhr, Am Markt-*

platz). Im nahen *Mönchsondheim* eröffnet das *Kirchenburgmuseum* Einblicke in vorindustrielle Arbeits- und Lebensweisen *(Juni–Okt. Di–Sa 10–18, So 11–18 Uhr, Nov.–Mai etwas kürzer geöffnet).* Bei Heinrich Seufert im ★ *Romantik Hotel Zehntkeller* wird man kulinarisch verwöhnt und kann danach bequem nächtigen *(53 Zi., 5 Suiten, Bahnhofstr. 12, Tel. 09323/84 40, Fax 84 41 23, www.zehntkeller.de, €€ – €€€).*

Karlstadt   [114 A4]

Nördlich von Veitshöchheim, wo die Landschaft immer stiller wird, liegt am rechten Mainufer die kleine Stadt (15 000 Ew.), die sich durch ihre Stadtmauer in Rechteckgestalt, das Schachbrettraster der Straßenzüge und den quadratischen Marktplatz auffällig von dem mittelalterlich verwinkelten Bild anderer fränkischer Städte unterscheidet. Sehenswert sind das Rathaus mit seinem Staffelgiebel und die Pfarrkirche St. Andreas mit einer großen Sandsteinfigur des Christus Salvator. Wohl einzigartig ist das *Europäische Klempner- und Kupferschmiede-Museum* in einem futuristischen Gebäude *(Mo–Mi 8–11, Do/Fr 9–12, So 13–16 Uhr, Ringstr. 47d). 24 km nördlich*

Ochsenfurt   [118 B1]

Eine Bilderbuchstadt (11 000 Ew.) am Main. Der alte Stadtkern steckt voller Fachwerkfassaden, mit dem dreigeschossigen Rathaus und seiner berühmten Kunstuhr als prägnantem Blickpunkt. In der Stadtpfarrkirche St. Andreas an der Südseite der Hauptstraße ein St. Nikolaus von Riemenschneider und ein Taufbecken aus der Vischer-Werk-

statt. Im *Bären* oder beim *Schmied* isst und schläft man gut; vor den Toren auch im sehr schönen *Wald- und Sporthotel Polisina* (93 Zi.) mit Tennisplätzen und noblem Restaurant *(Marktbreiter Str. 265, Tel. 09331/84 40, Fax 76 03, www. polisina.de, €€ – €€€). 20 km südöstlich*

Prichsenstadt   [115 D5]

Malerisches Ortsbild am Westrand des Ebracher Forsts und des Steigerwalds, reich an Fachwerkschmuck und Erkern, fast ein kleines Rothenburg. Schöne alte Gasthöfe, darunter – wirklich in der ehemaligen Dorfschmiede samt erhaltener Esse – die *Alte Schmiede (31 Zi., Karlsplatz 7, Tel. 09383/ 972 20, www.landhotel-alte-schm iede.de, €€ – €€€). 40 km östlich*

Rödelsee   [114 C6]

Die kleine, dörfliche Weinbaugemeinde (1500 Ew.) am Schwanberg und der wohlbekannten Lage »Küchenmeister« ist ein guter Ort zur Einkehr. Im Hof des *Crailsheimer Schlosses* inmitten des Dorfs wird Anfang Juli das Weinfest gefeiert. Abseits in den Feldern liegt einer der letzten fränkischen Judenfriedhöfe, mit Hunderten von grün umwucherten Grabsteinen in einem Mauergeviert. *28 km südöstlich*

Sommerhausen   [118 B1]

Mit Stadtmauer und Schloss, inmitten von Rebhängen und Obstgärten am Main gelegen, wurde Sommerhausen (1500 Ew.) weithin bekannt durch das *Torturmtheater,* das seit 1975 von Veit Relin geleitet wird. Es gibt Schlossfestspiele, Konzerte, immer mehr Künstlerateliers und Boutiquen. An Sommerwochen-

den drängt man sich auf dem Kopf-
steinpflaster – ruhiger ist's auf dem
anderen Mainufer in *Winterhausen.*
Unter den fränkisch-gemütlichen
Gasthäusern ist das *Weinhaus Düll*
in der Maingasse eines der ältesten
*(Mo geschl., Tel. 09333/220, Fax
82 08, €–€€, auch Gastzimmer,
€€). 14 km südöstlich*

Sulzfeld   **[114 C6]**
Mit seiner vollständig erhaltenen,
türmereichen Stadtmauer (jeder
Turm hat seine eigene Gestalt) ist
Sulzfeld (1260 Ew.) einen Abstecher wert, nicht nur wegen der
»Meterbratwurst«. Zur Einkehr zu
empfehlen ist das im 16. Jh. erbaute Gasthaus *Zum Stern (25 Zi., Di
geschl., Pointgasse 5, Tel. 09321/
13 35 10, €€). 25 km südöstlich*

Tauberbischofsheim   **[113 E5–6]**
Die Fechterhochburg an der Tauber
hat eine gemütliche Altstadt, das
stattliche neugotische Rathaus, den
runden Türmersturm und das *Tau-
berfränkische Landschaftsmuseum.*
Im ehemaligen Kurmainzischen
Schloss mit zwei stattlichen gotischen Dielen zeigt es bunt gemischt
Bäuerliches, Bürgerliches, Herr-
schaftliches, u. a. eine sehenswerte
Pfeifensammlung *(Palmsonntag bis
Okt. Di–So 14.30–16.30, So auch
10–12 Uhr).* Das *Hotel Badischer
Hof* ist seit acht Generationen in Familienbesitz *(26 Zi., Am Sonnen-
platz, Tel. 09341/98 80, Fax
98 82 00, Fr geschl., €€). 38 km
nordwestlich*

Veitshöchheim   **[114 B5]**
Das Städtchen (10 000 Ew.) am
Main ist berühmt wegen des schönsten ★ *Rokokoparks* in ganz Europa. Dreifach gegliedert in den Gro-

ßen See, in Hecken- und Lauben-
gänge und in ein Waldareal mit Bel-
vedere und Grottenhaus, führt der
fürstliche Lustgarten Natur und
Kunst, Architektur und Plastik harmonisch zusammen. Vor allem die
Sandsteinfiguren des Ferdinand Tietz
tragen zum Zauber bei.
   Im ehemaligen Jagdschloss (erbaut 1680/82, erweitert 1748–53
von Balthasar Neumann) ist nach
Restaurierung im Jahr 2005 eine
Ausstellung zur Geschichte des
Hofgartens zu sehen. *(April–Okt.
Di–So 9–18 Uhr).* Auskunft: *Touristik GmbH im Würzburger Land, Er-
win-Vornberger-Platz, Tel. 0931/
980 27 40, Fax 980 27 42. 8 km
nordwestlich*

Volkach   **[114 C5]**
Um die Volkacher Mainschleife
wachsen beste Frankenweine. Volkach (9500 Ew.) selbst ist sehenswert, mit schönem Rathaus von
1544, der gotischen Stadtpfarrkirche St. Bartholomäus und einer an
Architekturschätzen reichen Altstadt. In der Nachbarschaft liegen
die ⚜ *Vogelsburg* mit Rundblick
vom gleichnamigen Ausflugslokal
und die Wallfahrtskirche Maria im
Weingarten, für die Tilman Riemenschneider die Madonna im Rosenkranz schuf. Attraktives Ausflugslokal ist *Schloss Hallburg.* Gute fränkische Tradition beweist das Romantikhotel und Restaurant *Zur
Schwane (34 Zi., Hauptstr. 12, Tel.
09381/806 60, Fax 80 66 66, Mo
geschl., €€–€€€). 28 km nordöstlich*

Weikersheim   **[118 B2]**
Berühmt ist das im Kern noch
mittelalterliche *Renaissanceschloss,*
wegen des einzigartigen Rittersaals

mit üppiger Kassettendecke und wegen des jüngst aufwändig erneuerten barocken Parks und seinen steinernen Skulpturen (um 1700). Die Ausstellung »Alchemie« zeigt das rekonstruierte Laboratorium eines Schlossherrn um 1600 *(April bis Okt. tgl. 9–18, Nov.–März tgl. 10–12 u. 13.30–16.30 Uhr)*. Das lieblich im Taubertal gelegene, einstige hohenlohesche Residenzstädtchen wartet auch noch mit dem *Tauberländer Dorfmuseum (April bis Okt. Mi, Fr–So 14–17 Uhr)* auf. 41 km südlich

Wertheim [113 E5]

Linksmainisch an der Taubermündung liegt die Altstadt (22 000 Ew.) malerisch unter der – in Teilen restaurierten – Burgruine der Grafen von Wertheim. Zu den schönsten Fachwerkbauten zählen das Haus »Zu den vier Gekrönten« mit den Bildnissen von vier Märtyrern und das Zobelhaus am Markt, wohl Frankens schmalstes Fachwerkhaus. Sehenswert sind auch die Stadtkirche mit prunkvollen Grabmalen, das *Grafschaftsmuseum* im ehemaligen Stadthof des Bronnbacher Klosters *(Di–Fr 10–12 u. 14.30–16.30, Sa 14.30–16.30, So 14–17 Uhr; Rathausgasse 10)* und vor allem das *Glasmuseum (April–Okt. Di–Do 10–12 u. 14–17, Fr/Sa 13–19, So 13–17 Uhr; Mühlenstr. 24)*. Im Vorort Bettingen im Maintal liegen seit 2005 die *Mainstuben,* ein Hotel in schön angelegtem Park mit einem Restaurant, das gepflegte deutsche Küche bietet *(32 Zi., Geiselbrunnweg 11, Bettingen, Tel. 09342/91 77 13, Fax 85 68 92, www.mainstuben.de, €€–€€€).* 40 km westlich

Knapp 10 km tauberaufwärts von Wertheim zeigt sich die Zisterzienserklosteranlage *Bronnbach* aus dem 13. Jh. in neuem Glanz, samt Rosengarten, Kreuzgang und vielen kulturellen Veranstaltungen *(Führungen April–Okt. Mo 10–12 u. 14–17, Di–Sa 10–17, So 13–17 Uhr, Tel. 09342/395 96, 12–14 Uhr auch ohne Führung).*

Für Wanderlustige bietet Franken viele Wege zwischen Kunst und Wein

Durch Weinberge und Wiesentäler

Die Touren sind in der Karte auf dem hinteren Umschlag und im Reiseatlas ab Seite 112 grün markiert

1 FÜRSTLICHE STÄDTE UND NATURPARKS

Nach dem Start in Rothenburg geht's durch die liebliche Landschaft um Tauber- und Wörnitztal und über Feuchtwangen zur einstigen Residenzstadt Ansbach, weiter ostwärts über den Main-Donau-Kanal nach Nürnberg und in einem Bogen über Bad Windsheim zurück nach Rothenburg. Die Gesamtstrecke beträgt ca. 200 km. Je nachdem, welche Orte und wie intensiv man Nürnberg kennen lernen will, wird man zwei bis vier Tage brauchen, mit Übernachtung z. B. in Ansbach und Nürnberg.

Schon ein Dutzend Kilometer südlich von Rothenburg liegt nah der Straße beim Ort Gailnau eines der bemerkenswerten Naturdenkmale des *Naturparks Frankenhöhe (S. 41):* der *Gailnauer Berg,* der an einem Erdrutsch die geologischen Schichten dieser Landschaft erkennen lässt, auch den feinkörnigen Schilfsandstein, der seinen Namen nach den Schachtelhalmversteine-

Fränkische Schweiz: Imposante Dolomitfelsen überragen Tüchersfeld

rungen bekam – irrtümlich hielt man die für Schilfhalme (über Wettringen, Wanderparkplatz am Wald, mit Rückweg etwa 3,5 km).

Nördlich der Wörnitzquelle in einem Tauber-Seitental liegt *Schloss Schillingsfürst (S. 49)* auf einer Höhe. Hier werden täglich Flugvorführungen des Jagdfalkenhofs geboten. Wunderschön ist die idyllische Landschaft um den wiesengesäumten Oberlauf der Wörnitz. Statt ihr aber bis nach Dinkelsbühl zu folgen, wendet sich die Route nach *Feuchtwangen (S. 49)* am Flüsschen Sulzach, wo das Fränkische Museum mit seinen alten Wohnstuben auch für Kinder reizvoll ist.

Kleine Straßen führen nordöstlich nach *Ansbach (S. 38),* wo Mittelfrankens Regierung ihren Sitz hat. Zumindest Ansbachs Hofgarten mit dem Gedenkstein für den immer noch umrätselten Kaspar Hauser und das blühende Ansbacher Rokoko der Markgräflichen Residenz sollten Sie sich ansehen.

Weil auch das nahe *Heilsbronn (S. 41),* das nächste Ziel, Jahrhunderte die Grablege hohenzollernscher Markgrafen und Kurfürsten war, wurde die einst schlichte romanische Zisterzienserkirche Heilsbronns mit einem Seitenschiff erweitert, samt herrlichen Spitzbogengewölben.

Statt direkt über die B 14 nach Nürnberg hineinzufahren, bietet sich noch ein reizvoller Abstecher nach *Schwabach (S. 35)* an. An den lichten Marktplatz, den musterhaft restaurierten Ortskern mit seinen Bürgerbauten, Kirchen und Brunnen und an die behäbig-gemütlichen Gasthäuser werden Sie sich im großstädtischen *Nürnberg (S. 27)* gern erinnern.

Wieder in Westrichtung durch Fürth unterwegs, bietet sich die Gelegenheit, ein Vorurteil zu korrigieren. Denn obwohl *Fürth (S. 34)* als Industriestadt und historisch vor allem als Endpunkt der ersten deutschen Eisenbahn (1835) bekannt ist, hat es auch eine Altstadt samt fränkischer Wirtshausszene und westlich der Stadt das *Schloss Burgfarnbach,* in dem das Stadtmuseum so originelle vorindustrielle Verfah-

ren wie die Herstellung von Spiegeln und Blattgold zeigt.

Die Rückfahrt von Fürth nach Rothenburg ist ganz ländlich auf Feld und Wald gestimmt. Einige hervorragende Architekturkleinode aber bietet die Strecke auch: zuerst die restaurierte *Cadolzburg (S. 33),* die einstige Hohenzollernresidenz über dem Städtchen gleichen Namens, dann den Kreuzgang der Stiftskirche von *Langenzenn* und in *Wilhermsdorf* die Renaissancegiebel reicher Bürgerhäuser.

Wer Kinder dabei hat, kann ihnen noch zwei Museen der kinderfreundlichen Art zeigen: das Rangau-Handwerker-Museum in *Markt Erlbach* und vor allem in *Bad Windsheim (S. 41)* das Fränkische Freilandmuseum mit originalen Bauernhäusern aus alter Zeit.

Noch immer nicht müde vom Sehen? *Burgbernheim* nordöstlich von Rothenburg mit seinen bunt bemalten Fachwerkhäusern und das male-

Kinderfreundlich: das Fränkische Freilandmuseum in Bad Windsheim

rische *Uffenheim* liegen am Weg oder doch fast am Weg.

2 INS WEINLAND UM WÜRZBURG

Von Würzburg folgt die Route dem Main bis Sulzfeld, wendet sich ostwärts nach Iphofen zum Steigerwald und nordwärts zur Mainschleife bei Volkach. Von dort geht es über Weingarten und Dettelbach nach Würzburg zurück. Insgesamt etwa 100–150 km, eine Strecke für eine angenehme Tagestour also – doch lockt vieles am Weg, man kann auch eine Woche unterwegs sein. Die Fahrt lässt sich gut mit Tour 3 kombinieren.

Zur köstlichen Weinprobe von Weingut zu Weingut darf diese Tour geraten, wenn einer an Bord die Rolle des abstinenten Fahrers übernimmt. Sie folgt streckenweise den Routen der *Bocksbeutelstraße,* die mit mehreren Straßenästen das Weinland um Würzburg erschließt.

Nach dem Start in Würzburg führt die Route im Mainfränkischen von einem Juwel zum anderen: *Sommerhausen (S. 87)* und Winterhausen liegen am Main einander gegenüber, über *Ochsenfurt (S. 87), Frickenhausen (S. 85),* Marktbreit, *Sulzfeld (S. 88)* und Mainbernheim geht es nach *Iphofen (S. 86),* wo im Zehntkeller schon Kurt Tucholsky mit seinen Freunden becherte. Bei *Rödelsee (S. 87)* zu Füßen der Laubwälder des Schwanbergs haben die Grabsteine eines alten jüdischen Friedhofs die Verfolgung überdauert. Ein Abstecher führt mit steilem Anstieg zum Schloss und Ort *Castell (S. 84)* hinauf, die Weinproben des Castell-Weinguts – des

größten in Franken – sind ein Hochgenuss! Um sein prächtiges Rathaus von 1544 breitet sich der Weinort *Volkach (S. 88)* aus. Auf jeden Fall ist das Wallfahrtskirchlein *Maria im Weingarten* südlich der Vogelsburg über dem rechten Mainufer den Besuch wert, wegen Riemenschneiders »Madonna im Rosenkranz«, einem seiner schönsten Schnitzwerke.

Auch auf dieser Tour, die über Dettelbach zurück nach Würzburg führt, gilt wieder: Lassen Sie sich Zeit für die schmaleren, kleineren Straßen, wenn Sie die Wahl haben. Immer wieder trifft man am ruhig strömenden Main noch auf stille Altwasser. Man kann in die Rebhänge hinaufsteigen und findet am Wege Bildstöcke.

Wer sich für Weinbau interessiert, erkundigt sich in Randersacker nach dem *Altfränkischen Museumsweinberg.* Den hat der Architekt und Winzer Herbert Haas hoch über dem Main angelegt, mit wurzelechten Reben und naturnaher Bewirtschaftung, eine biologische Schatzkammer, in der unter den Reben eine frühlingsbunte Weinbergsflora gedeiht.

3 WEINFRANKEN UND ROSENKRANZ-MADONNA

★ **Für die 14 km lange Rundwanderung mit zwei kurzen Steigungen braucht man drei bis vier Stunden reine Gehzeit – aber es gibt Schönes zu sehen, man sollte genug Zeit mitbringen. Die Strecke ist auch für Kinder geeignet.**

Den Tag inmitten von Weinfrankens Rebhängen beginnt man gut

mit einem Frühstück in dem Weinort *Volkach (S. 88)*, vielleicht nach einer Nacht im Traditionshaus *Zur Schwane (Hauptstr. 12, Tel. 09381/806 60, www.schwane.de, €€€),* wo Keller und Küche vom Besten sind. Zum Untertor geht's hinaus in die Landschaft und bald an Kreuzwegstationen entlang auf die Wallfahrtskapelle *Maria im Weingarten* mit Tilman Riemenschneiders hochberühmter »Madonna im Rosenkranz« zu. Die lebensgroße Figur aus hellem Lindenholz scheint unter dem Chorgewölbe zu schweben, eins der kostbarsten und innigsten Zeugnisse der Marienverehrung *(tgl. 9–12 u. 13.30–18 Uhr, im Winter bis 17 Uhr).*

Oberhalb der Straße führt der Weg Nummer 7 durch die Weinberge mit der hoch geschätzten Lage »Ratsherr« zum Dorf *Fahr.* Unten am Main kann man mit einer kleinen Fähre übersetzen. Dann geht man auf eine Brauerei zu und sucht den Weg Nummer 4. Man kreuzt die Straße Würzburg–Volkach und kann rechts von ihr auf Weinbergwegen Richtung *Vogelsburg* wandern. Die ehemalige Burg ist heute ein Karmeliterinnenkloster, zu dem nicht nur eine Kirche mit Prachtportal gehört, sondern zum Wohl der Wanderer auch ein ◣▸ Gartenlokal mit toller Aussicht. Von der Vogelsburg findet man leicht den Weg hinab und ostwärts über Astheim nach Volkach zurück.

Beste Wanderzeit sind die Monate von Mai bis Oktober. Anders als früher, sind die Weinberge heute auch während der Lesezeit für Wanderer geöffnet. Später im Jahr sehen die Rebhänge sehr kahl aus, erst wenn Schnee fällt, gewinnen sie wieder an optischem Reiz. Auskunft: *Verkehrsamt Volkach, im Rathaus, Tel. 09381/401 12, www.volkach.de. Karte: Kompass-Wanderkarte Würzburg/Maindreieck. Anfahrt: Ausfahrt Kitzingen von der Autobahn A 3 Nürnberg–Würzburg*

4 HÖHEPUNKTE DER FRÄNKISCHEN SCHWEIZ

Die Radrundtour ist gut 50 km lang und nach Belieben erweiterungsfähig. Die Straßen sind gut ausgeschildert, für lange Genussstrecken müssen ein paar Steigungen bewältigt werden. Dauer: Tagestour. Picknick mitnehmen.

Ins Land der tausend Höhlen und idyllischen Wiesentäler startet die Tour von *Ebermannstadt* in Richtung *Pretzfeld* ins Kirschenland. Wer Kirschblüten liebt, tritt darum schon im Frühjahr in die Pedale. Oberhalb von Pretzfeld können Sie mit einem Abstecher einen Judenfriedhof besuchen. Kleine Glanzpunkte im Trubachtal bieten das *Wildgehege Hundshaupten* bei Unterzaunsbach (kurzer Abzweig südwärts, auch zum Schloss Hundshaupten) und die *Burg Egloffstein (Besichtigung nach Voranmeldung: Tel. 09197/87 80)*, die bilderbuchschön über dem gleichnamigen Dorf aufragt.

Bei Wolfsberg nicht Richtung Hilpoltsheim fahren, sondern links weiter nach *Obertrubach,* durch die romantische Felsenlandschaft des Tals, das schmaler und steiler wird. Unternehmungslustige machen einen Ostbogen über die B 2 und Leupoldstein nach *Pottenstein* und zur *Teufelshöhle (S. 58)*. Wir empfehlen, von Obertrubach aus die weniger befahrene Straße durchs Gründleintal direkt nach Gößweinstein zu wählen. Die Burgruine beim Dorf *Bärnfels* ist ein guter Rast- und Picknickplatz.

Der Wallfahrtsort *Gößweinstein* (S. 57) auf der Höhe und der Ort *Behringersmühle* tief darunter in der Wiesentschlucht bilden zusammen eins der beliebtesten Ferienzentren der Fränkischen Schweiz. Der Gnadenaltar in der *Wallfahrtskirche* hat die ungewöhnliche Form einer steilen Pyramide. Die mächtige Weltkugel unter dem Marienbild ist aus Sandstein; sie ist mit Lindenholz und vergoldetem Kupferblech überzogen. Im traditionsreichen *Gasthof zur Post* mit Garten *(Balthasar-Neumann-Str. 10, Tel. 09242/278, €€)* stärkt man sich mit vorzüglicher fränkischer Küche. Auch die um 1890 restaurierte *Burg* der Bamberger Bischöfe ist zu besichtigen, mit Verlies, Zisterne und Ke-

menate *(Ostern–Okt. tgl. 10–18 Uhr)*. Schöne Abfahrt ins *Wiesenttal (S. 59)* – aber achten Sie auf den Gegenverkehr!

Ein Abstecher ein kurzes Stück talaufwärts nach *Tüchersfeld* lohnt sich wegen des *Fränkische-Schweiz-Museums (April–Okt. Di–So 10–17 Uhr, Nov.–März So 13.30–17 Uhr)* inmitten bizarrer Felslandschaft: Unter anderem werden Schädel von Höhlenbären, schöne Mineralien und eine schlichte Synagoge im einstigen *Judenhof* gezeigt.

Die Rückfahrt durchs Wiesenttal führt noch nach *Muggendorf* mit der Ruine Neideck und nach *Streitberg* mit der großartigen *Binghöhle (Mitte März–Anfang Nov. tgl. 9–17 Uhr, Führungsdauer ca. 40 Min.). Auskunft: Tourismuszentrale Fränkische Schweiz, Oberes Tor 1, Ebermannstadt, Tel. 09194/79 77 79, Fax 79 77 76, www.fraenkische-schweiz.com*

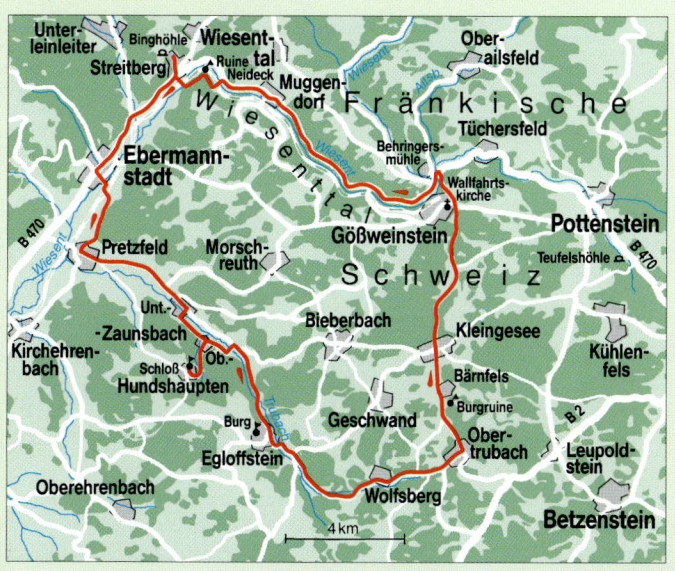

Radler, Reiter Gleitschirmflieger

Ob auf dem Boden, auf dem Wasser, am Berg oder in der Luft – einem sportlichen Franken-Urlaub steht nichts im Weg

Radlerland Franken: Besonders beliebt bei Franken-Urlaubern, so ergab eine Reiseanalyse, sind die Paraderouten längs der Flüsse: der Altmühl-Radweg, der Main-Radweg, der Saale-Radweg und der Radweg Liebliches Taubertal – da kann man nach Lust und Laune geruhsam radeln.

Aber auch etwas waghalsigere Sportarten wie Gleitschirmfliegen und Klettern kann man in Franken ausüben, und Extremsportler verausgaben sich beim Triathlon in Roth. Bei aller oft beschworenen Gemütlichkeit – die Franken haben sportlich viel drauf.

ANGELN

In den zahlreichen Seen und Flüssen kommen u. a. Forellen, Hechte, Karpfen, Rotaugen, Schleien und Zander vor. Fischfang ist nur mit einem gültigen Erlaubnisschein gestattet, den man bei den jeweiligen Verkehrsämtern erhält, die auch über die geltenden Bestimmungen informieren.

Golfer, ob fortgeschritten oder noch ungeübt, können in Franken unter zahlreichen Plätzen wählen

BEACHVOLLEYBALL

Das Fränkische Seenland hat rund 20 Beachvolleyplätze anzubieten, am Großen Brombachsee, Altmühlsee und Rothsee sowie in mehr als einem halben Dutzend anderer Gemeinden. Info: »Urlaubs ABC« der *Tourist Information Fränkisches Seenland (s. Praktische Hinweise).*

BOOTWANDERN

Abenteuertouren auf der *Altmühl* auf einer 150 km langen Strecke zwischen Gunzenhausen und Kelheim, mit Zeltübernachtungen an Bootsrastplätzen – der Abschnitt von Töging bei Dietfurt bis Kelheim ist allerdings geübten Kanuten vorbehalten. Broschüre »Bootwandern im Naturpark Altmühltal« bei der *Tourist Information Naturpark Altmühltal (s. Praktische Hinweise).*

FAHRRADFAHREN

Vor allem rund um Nürnberg bieten mehrere Buslinien des OVF (Omnibusverkehr Franken) am Wochenende den Service des »Busradelns« an, des Fahrradtransports bis nach *Rothenburg ob der Tauber* und ins

Altmühltal. Mit dem Radelbus kann man auch im gebirgigen Franken-wald eine Tour kombinieren, bei der es zumeist genussvoll bergab geht. Auskunft über günstige Fami-lienpreise und weitere Details bei diesen und anderen Busrouten wie der Hochrhönstraße: *OVF, Tel. 0911/989 78 10.*

Direkt beim Tourismusverband Franken können Sie die Liste der bereits über 500 fahrradfreund-lichen Gastbetriebe in Franken an-fordern. Alle Unterkünfte haben verschließbare Fahrradräume und bieten Gästen einen Beförderungs-dienst für Fahrräder an.

FLOSSFAHRTEN

Ein ganzes Bündel von geruhsamen Main-Floßfahrt-Angeboten erwartet die Gäste in *Lichtenfels.* Nasser und spritziger geht's nach Rafting-Art bei Flößertouren auf der *Rodach* im Frankenwald bei Wallenfels zu. Auskunft bei den *Tourist Informa-tionen in Lichtenfels oder Kronach (s. Praktische Hinweise).*

GLEITSCHIRMFLIEGEN

In der *Rhön,* wo der Gleitflugsport bzw. die Segelfliegerei schon vor dem Ersten Weltkrieg von Darm-städter Studenten auf der Wasser-kuppe betrieben wurde, haben heu-te Gleitschirmflieger ihre Startplät-ze, unter anderem bei Bischofs-heim.

Einige Hotels werben mit einem Flughang für Paraglider in der Nähe des Hauses. Auch Ballonfahrten bie-tet das *Hotel Luisenhof, 14 Zi., Ha-selbach 93, Bischofsheim/Rhön-Ha-selbach, Tel. 09772/18 80, Fax 8654, www.luisenhof-rhoen.de, €*

GOLF

Der exklusive Sport boomt in Fran-ken: Vor zwei Jahren standen noch keine 20 Plätze zur Wahl, heute sind es rund 35. Oft sind Gäste will-kommen, Trainerstunden werden angeboten, und Schläger können geliehen werden, z. B. beim *Golf Club Main-Spessart, Marktheiden-feld-Eichenfürst e.V., Tel. 09391/ 84 35, Fax 88 16.*

INLINESKATEN & SKATEBOARDEN

Von den vielen schönen Strecken zum Beispiel im Romantischen Franken ist der 14 km lange *Rad-weg Liebliches Taubertal* besonders attraktiv: Er führt von Tauberzell über Rothenburg nach Gebsattel, braucht aber Kondition. Eine einfa-che, anfängertaugliche Strecke führt von Ansbach nach Lehrberg entlang der *Burgenstraße* im Rezat-tal. Am *Brombachsee* stehen drei Routen zur Wahl: die 10-km-Fit-nesstour von Pleinfeld nach Rams-berg, mit einer 8-%-Gefälle-Strecke und die 9-km-Strecke Roth–Georgen-smünd, dazu die Abzweigung nach Spalt für Speedskating.

KLETTERN

Dieser Sport ist nicht nur in der Fränkischen Schweiz und im Fich-telgebirge, sondern auch in der Frankenalb im Nürnberger Land be-liebt (Schwierigkeitsgrad 3–11, Sonderprospekt beim Tourismus-verband Franken). Weitere Mög-lichkeiten in Hirschbach, Neuhaus, Neunkirchen und Velden sowie im *Kletterzentrum Röthenbach (Info Tel. 09123/308 oder 52 13).*

Viele Anhänger des Klettersports zieht es nach Konstein ins Trubachtal

Speziell zur Überwindung von Unsicherheit und Angst empfiehlt sich der Hochseilgarten von *Point aktiv,* zu finden bei Bad Neustadt in der Rhön *(Tel. 0800/099 64 04, www. point-aktiv.de).* Man übt in luftiger Höhe 9 m über dem Boden und an der Kletterwand. Ausgebildete Helfer sorgen dafür, dass keine Unfälle passieren. *Schnupperpreis 40 Euro, für Familien 130 Euro, dazu Leihgebühr für die Sicherheitsausrüstung.*

Im Fränkischen Seenland wartet *Gunzenhausen* mit einer Kletterwand im Freien und einer Kunstwand auf. Auskunft: *Touristik Information, Marktplatz 25, Tel. 09831/ 50 83 00, Fax 50 81 79*

REITEN

Reiterhöfe, Reitkurse und Pferdepensionen sind überall in Franken zu finden. Es gibt über 100 Reitstationen. Informationen bei den jeweiligen Tourismusverbänden.

WANDERN

Das fränkische Wanderwegenetz ist Hunderte, wenn nicht Tausende von Kilometern lang. Auskunft und Spezialprospekte bei den regionalen Tourismusverbänden. Reizvolle Themenwanderungen folgen den Spuren von Schriftstellern, die im Fränkischen zu Hause waren, z. B. der *Friedrich-Rückert-Wanderweg* von Schweinfurt nach Coburg, *Wandern auf Mörikes Spuren* von Niederstetten nach Wermutshausen oder die *Jean-Paul-Wanderung* von Hof nach Joditz.

WINTERSPORT

Auch abseits der Alpen ist für den weißen Sport vorgesorgt, mit mehr als 1000 km gespurten Loipen und rund 70 Liften, auch vielen Eislaufplätzen. Bevorzugte Wintersportregionen: *Fichtelgebirge, Frankenwald* und *Bayerische Rhön.*

Familienurlaub steht hoch im Kurs

Von lebensgroßen Playmobilfiguren bis zu Radeltouren, die (fast) immer bergab führen, reicht das familienfreundliche Angebot

Franken liegt günstig in Deutschlands südlicher Mitte, für Familien dauert die Anfahrt mit den Kleinen also nicht zu lang. Außerdem hat die Region keine großen Steigungen und kaum Verkehrsstaus in Ballungsgebieten. Selbst im Hochsommer herrschen meist angenehme Temperaturen. Franken bietet Wandern und Radfahren auch leichter Schwierigkeitsgrade, Wasserfreuden an Flüssen und Seen, ursprüngliche Natur in Mittelgebirgen, interessante Freilichtmuseen, fesselnde Technikausstellungen und überall gemütliche Familienquartiere. Nicht zu vergessen: die für Kinder spannenden Ferienunterkünfte auf den Bauernhöfen.

Museumsbesuche empfinden Kinder nicht immer als größtes Ferienglück. Aber in Frankens Spielzeugmuseen – Spielzeugproduktion hat hier lange Tradition – sieht man Kinderaugen leuchten, so in Nürnberg, in Rothenburg, in Coburg, in Neustadt bei Coburg. Vor allem, wenn die Kinder nicht nur schauen, sondern auch spielen dürfen –

»Kinderzeche« in Dinkelsbühl: Auch die Jüngsten sind kostümiert

sehr attraktiv in Nürnberg und auch in Neustadt!

NÜRNBERG

Playmobil Fun Park   [119 F2]   Insider Tipp
Lebensgroße Playmobil-Ritterburg, Piratenschiff, Geheimgang, Kletterwand, Innenspielbereich mit viel Playmobil-Ausrüstung, Kinder-Golfplatz, Bistro, Laden, viele Erfrischungskioske – viel Spaß! *Ende März–Anfang Nov. tgl. 9–18 Uhr, Brandstätterstr. 2–10, Zirndorf bei Nürnberg, www.playmobil-funpark. de, Juni–Sept. 5 Euro, März–Mai 2,50 Euro, Okt.–Feb. 1,50 Euro (Golf extra)*

MITTELFRANKEN

Amigo Spiel!   [119 F5]
Mini-Golfplatz: 18 Bahnen aus Kunstrasen, Sandbunker wie beim echten Golf. Biergarten-Restaurant, großer Kinderspielplatz. *März–Okt. 14–18, im Sommer 10 bis maximal 22 Uhr (witterungsabhängig), Seestr. 28, Langlau/Kleiner Brombachsee, Tel. 09834/97 82 30, www. amigo-langlau.de, Eintritt 3,50 Euro, Kinder 1,50/2,50 Euro, Familienkarten*

Family Villages [119 F4]
Aktionsgemeinschaft von Dörfern am Großen Brombachsee, die kindergerechte Ferienwohnungen, Erlebnisbauernhöfe, Spielplätze, kostenlose Leihfahrräder, Spielzeug, familienfreundliche Gaststätten anbieten. *Tourist Information Stadt Spalt, Herrengasse 10, Spalt, Tel. 09175/796 50, Fax 79 65 80, www.spalt.de*

Insider Tipp
Piratenabenteuer [119 E5]
Die »MS Altmühlsee« sticht zu Piratenfahrten mit Schatzsuche in See. *April–Okt., Zweckverband Altmühlsee, Marktplatz 25, Gunzenhausen, Tel. 09831/50 81 91, www.altmuehlsee-schifffahrt.de*

Puppen- und Spielzeugmuseum [118 C3]
Bunte Schau, vor allem mit Exponaten aus dem 19. und frühen 20. Jh. *März–Dez. tgl. 9.30–18, Jan./ Feb. 11–17 Uhr, Hofbronnengasse 13, Rothenburg ob der Tauber*

Sommerrodelbahn [119 F5]
Mehrbahnig, mit Schlepplift. Und mehr im *Erlebnispark Pleinfeld:* Bungee-Trampolin, Wildschaugehege (Schafe mit vier Hörnern), Biergarten. *März–Okt. (witterungsabhängig) Mo–Fr 13–18, Sa/So 10–18 Uhr, Schloßstr. 19, Ellingen, www.sommerrodelbahn-pleinfeld. de, Fahrt 2,50 Euro, Kinder 2 Euro, Anfahrt: B 2, Ausfahrt Pleinfeld-Süd*

Trimaran-Fahrt [119 F5]
Dreirumpfschiff für 750 Passagiere und erlebnisreiche Rundfahrten. Drei Decks, Sonnendeck, gute Gastronomie. *Am Anger 10, Pleinfeld/ Ramsberg, Tel. 09144/92 70 50, www.erlebnisschiffahrt-brombach*

see.de, halbstündige Fahrt 8 Euro, Kinder 4 Euro

OBERFRANKEN

Fränkisches Wunderland [120 C1]
Indianershows, eigenhändiges Goldschürfen, Kasperlbühne, Geisterstadt, Märchenwald, Westernstadt, Hüpfburgen, Riesenrad, Achterbahn und mehr. *April–Sept. tgl. 9–18.30 Uhr, Zum Herlesgrund 13, Plech (Autobahn Nürnberg–Berlin), www.wunderland.de, Eintritt unter 1 m gratis, bis 140 cm 10,50 Euro, größer 12 Euro, Senioren 10 Euro*

Lok Land Modellbahnen [117 D2]
Sehr große Anlage, über 50 Züge, ständig wechselnder Aufbau, Spiel- und Bastelecke. *Öffnung auf Anfrage, meist am Wochenende, Hofer Str. 14, Selbitz, Tel. 0171/ 533 98 70 u. 09252/922 94, www. lokland.de, Eintritt 5 Euro, Kinder 2,50 Euro*

Museum der Deutschen Spielzeugindustrie [116 A2]
Kindermuseum mit der »Werkstatt des Weihnachtsmanns« und Spielzimmer. *Di–So 10–17 Uhr, Hindenburgplatz 1, Neustadt bei Coburg, Eintritt 3 Euro, Kinder 1,50 Euro*

Wildpark Schloss Tambach [115 F3]
Großer Wildpark mit rund 200 Tieren und Beobachtungspfad *(ganzjährig tgl. 8–18 Uhr)*. Jagd- und Fischereimuseum mit Natur-Dioramen und Jagdausstellungen *(März bis Okt. tgl. 10–17.30 Uhr, Nov. bis Feb. auf Anfrage, Tel. 09567/18 61)*. Bayerischer Jagdfalkenhof mit Flugvorführungen *(15. März–Okt. tgl. 11 u. 15, Juli/Aug. auch 17 Uhr)*.

Familienurlaub: Ein Besuch in einem der vielen Erlebnisbäder gehört dazu

Kombikarte 7 Euro, Kinder 3 Euro, Familienkarten

UNTERFRANKEN

Freizeitland [115 D6]
Erlebnispark mit Attraktionen vom Kinderkarussell bis zur großen Achterbahn, Riesenrad und Wildwasserbahn. Außerdem Zirkus, Varieté. Tiere (Esel, Ponys) zum Anfassen. SB-Restaurant. *Hauptsaison tgl. 9–18 Uhr, April u. Okt. eingeschränkt, Geiselwind bei Würzburg, Tel. 09556/224, www.freizeitland geiselwind.de, Eintritt 21,50 Euro, Kinder (ab 1,10 m) 18,50 Euro*

Nautiland [114 B6]
Würzburger Erlebnisbad für Wasserratten, mit Abenteuerbecken, großer Wasserrutsche, einem Wasserspielgarten für die ganz Kleinen, einem 25-m-Becken, Sauna, Cafeteria. *Mo–Fr 9–22, Sa/So 8–21 Uhr, Nigglweg, www.stadtbau-wuerz burg.de/nautiland, Eintritt Kinder u. Jugendliche je nach Dauer ab 2 Euro, Erwachsenen ab 3 Euro, Kinder (unter 6 Jahren) 1 Euro, Familienkarte ab 10 Euro (Sa/So teurer)*

Radwandern
Fast ohne jede Steigung – mainabwärts und tauberabwärts ist es möglich. Für Familien mit zukünftigen Radsportlern ein Erlebnis, mit vielen schönen Haltepunkten an den Flussufern. Auskunft gibt die *Tourist-Information Fränkisches Weinland (s. Praktische Hinweise),* nützlich ist auch das *»Radjournal« des Tourismusverbands Franken e.V., www.frankentourismus.de.*

Angesagt!

**Was Sie wissen sollten über
Trends und die Szene in Franken**

Franken radelt

Von den Top Ten der beliebtesten deutschen Radtouren bietet das Frankenland gleich zwei an: den *Main-Radweg* und den *Altmühltal-Radweg*. Neben diesen beiden Genussrouten ist z. B. auch der *SandAchse-Radweg* angesagt, 180 km zwischen Bamberg und Weißenburg. Auch gibt es Themenradwege wie den *Limes-Radweg* oder *Technikgeschichte und verwunschene Wälder* – und den neuen internationalen Mountainbiker-Wettbewerb »Craft Bike Trans Germany«.

Fränkische Rote

Die fränkischen Winzer wechseln die Farbe. Neben den altvertrauten Weißweinreben Silvaner, Riesling und Müller-Thurgau wachsen im mainfränkischen Weinland immer mehr Rotweinreben. Bevorzugt werden Domina, Spätburgunder und der auch in anderen Anbaugebieten immer beliebtere Dornfelder. Gab es vor einigen Jahren nur wenige Rotweininseln, nehmen heute die Roten schon bald ein Fünftel der fränkischen Weinberge ein. Denn die Roten munden: Vom alljährlichen Medaillensegen der Fränkischen Weinprämierung gewannen die Roten letzthin sogar mehr als ein Fünftel, rund 30 Prozent.

American Bars und In-Kneipen auf dem Land

In-Treffs sind nicht nur in den Großstädten, sondern auch auf dem Land anzutreffen: in Bad Mergentheim die American Bar *Frankie's Diner (Würzburger Str. 14)*, in Röthenbach/Pegnitz bei Nürnberg das barocke Wirtshaus *Gasthof Schramm (Rockenbrunn)*. In Adlitz liegt mit Biergarten und herrlicher Fernsicht das *Gasthaus Ludwigshöhe (Adlitz 12)*, bei Erlangen am berühmten Erlanger Berg der *Entlaskeller (An den Kellern 5–7)*, in Spittelstein-Rödental das Bistro-Restaurant *Alte Schule (Steinroder Str. 30)*, in Ahorn bei Coburg die *Schäferstuben (am Gerätemuseum)* und in Lautertal die *Alte Mühle (Frankenstr. 4)*. Nördlich von Kronach ist in Wilhelmsthal-Steinberg der *Bauernhandler (Eichenbühl)* ein uriger Gasthof, und in Kulmbach ist das *Mönchshof Brauhaus (Hofer Str. 20)* unentbehrlicher Treff.

Von Anreise bis Wetter

Hier finden Sie kurz gefasst die wichtigsten Adressen und Informationen für Ihre Frankenreise

ANREISE

Flugzeug
Vom Flughafen Frankfurt/M. mit direktem Bahnanschluss oder mit Leihwagen in die fränkischen Regionen. Die Flughäfen Nürnberg und Hof-Plauen haben mehrmals täglich Flugverbindung mit Frankfurt/M. *www.airport-nuernberg.de*

Bahn
Für Familien und Kleingruppen gibt es das preisgünstige »Bayernticket«. *www.bahn.de*

Auto
Über das Autobahn- und Schnellstraßennetz ist Franken aus allen Himmelsrichtungen rasch erreichbar.

AUSKUNFT

Tourismusverband Franken e. V.
Wilhelminenstraße 6, 90461 Nürnberg, Tel. 0911/94 15 10, Fax 941 51 10, www.frankentourismus.com

Tourist Information Naturpark Altmühltal
Notre Dame 1, 85072 Eichstätt, Tel. 08421/987 60, Fax 98 76 54, www.naturpark-altmuehltal.de

Tourist Information Fichtelgebirge
Gablonzer Straße 11, 95686 Fichtelberg, Tel. 09272/96 90 30, Fax 969 03 66, www.fichtelgebirge.de

Tourismus-Zentrale Fränkische Schweiz
Oberes Tor 1, 91320 Ebermannstadt, Tel. 09194/79 77 79, Fax 79 77 76, www.fraenkische-schweiz.com

Tourismusverband Fränkisches Weinland
Am Congress-Centrum, 97070 Würzburg, Tel. 0931/37 23 35, Fax 37 36 52, www.fraenkisches-weinland.de

Tourist Information Frankenalb
Waldluststraße 1, 91207 Lauf an der Pegnitz, Tel. 09123/95 02 54, Fax 95 05 01, www.frankenalb.de

Frankenwald Tourismus Service Center
Adolf-Kolping-Straße 1, 96317 Kronach, Tel. 01805/36 63 98 (12 Cent/ Min.), Fax 01805/32 93 98 (12 Cent/Min.), www.frankenwald-tourismus.de

**Tourist Information
Fränkisches Seenland**
Hafnermarkt 13, 91710 Gunzenhausen, Tel. 09831/50 01 20, Fax
50 01 40, www.fraenkischeseen.de

Tourist Information Haßberge
Rathaus, Obere Sennigstraße 4,
97461 Hofheim i. Ufr., Tel. 09523/
922 90, Fax 267, www.hassberge-
tourismus.de

**Tourist Information
Liebliches Taubertal**
Gartenstraße 1, 97941 Tauberbischofsheim, Tel. 09341/822 94, Fax
823 82, www.liebliches-taubertal.de

**Tourist Information
Oberes Maintal–Coburger Land**
Kronacher Straße 30, 96215 Lichtenfels, Tel. 09571/182 83, Fax
182 88, www.oberesmaintal-cobur
gerland.com

Tourist Information Rhön
Rhönstraße 97, 97772 Wildflecken-
Oberbach, Tel. 09749/912 20, Fax
91 22 33, www.rhoen.de

Tourist Information Rhön
Spörleinstraße 11, 97616 Bad Neu-
stadt/Saale, Tel. 09771/941 18, Fax
948 11 18, www.rhoen.de

**Tourist Information
Romantisches Franken**
Gemeinschaftszentrum Frankenhöhe, Am Kirchberg 4, 91598
Colmberg, Tel. 09803/941 41, Fax
941 44, www.romantisches-fran
ken.de

**Tourist Information
Spessart–Main–Odenwald**
Bayernstraße 18, 63739 Aschaffenburg, Tel. 06021/39 42 71, Fax
39 42 58, www.spessart-tourist
info.de

www.marcopolo.de

Im Internet auf Reisen gehen

Mit über 10 000 Tipps zu den beliebtesten Reisezielen
ist MARCO POLO auch im Internet vertreten. Sie wollen
nach Paris, auf die Kanaren oder ins australische Outback?
Per Mausklick erfahren Sie unter www.marcopolo.de Wissens-
wertes über Ihr Reiseziel. Zusätzlich zu den Informationen aus
den Reiseführern bieten wir Ihnen online:

- das *Reise Journal* mit aktuellen News, Artikeln, Reportagen
- den *Reise Service* mit Routenplaner, Währungsrechner und
  Compact Guides
- den *Reise Markt* mit Angeboten unserer Partner rund um
  das Thema Urlaub

Es lohnt sich vorbeizuschauen: Wöchentlich aktualisiert, gibt
es immer wieder Neues zu entdecken. Bleiben Sie auf dem
Laufenden mit unserem E-Mail-Newsletter, den Sie kostenlos
abonnieren können!

**Tourist Information
Städteregion Nürnberg c/o
Tourist Information Fürth**

*Bahnhofsplatz 2, 90742 Fürth, Tel.
0911/740 66 15, Fax 740 66 17,
www.staedteregion-nuernberg.de*

Tourist Information Steigerwald
*Hauptstraße 1, 91443 Scheinfeld,
Tel. 09162/124 24, Fax 124 33,
www.steigerwald-info.de*

EINTRITT

Die Eintrittspreise für Museen und
Sehenswürdigkeiten liegen meist
bei 3–5 Euro. Selbst in Museen von
internationalem Rang wie im Germanischen Nationalmuseum in
Nürnberg kostet das Ticket 6 Euro.

INTERNET

– *www.bayern-takt.de:* Nahver-
kehrsverbindungen für Reisende
mit der Bahn.
– *www.weinland-franken.de:* Die
fränkischen Winzer informieren
über ihre Weine.
– *www.bauernhof-urlaub.com:* kinderfreundlich, ruhig, fränkisch!
– *www.bed-and-breakfast.de:* viele
gute Adressen, auch in Franken.

INTERNETCAFÉS

In allen Städten Frankens gibt es diese Einrichtungen, beispielhaft genannt sei das *Flat-s Internet-Café*
im Hauptbahnhof von *Nürnberg
(Bahnhofsplatz 9–12, Tel. 0911/
815 75 21, www.flat-s.de).*

JUGENDHERBERGEN

Wer einen Jugendherbergsausweis
besitzt, kann zu den im DJH Bayern

Was kostet wie viel?

Kaffee	**2–3 Euro** für eine Tasse im Gasthof
Wein	**ab 3 Euro** für ein Viertel Frankenwein
Bratwurst	**ab 1,40 Euro** für eine Rostbratwurst
Souvenir	**ab 50 Euro** für eine Hummel-Porzellan- figur von Goebel
Fahrrad	**ab 8 Euro** Miete für einen Tag
Bayernticket	**27 Euro** 5 Personen fahren einen Tag Bahn

üblichen Bedingungen (Einzelrei-
sende nur bis 26 Jahre) in Frankens
59 Jugendherbergen günstig übernachten. *Deutsches Jugendher-
bergswerk, LV Bayern e. V., Mauer-
kircherstr. 5, 81679 München, Tel.
089/922 09 80, Fax 92 20 98 40,
www.jugendherberge.de*

KLIMA

Wenn im Fränkischen Weinland
der Frühling schon die Obstblüte
beginnen lässt, kann ganz oben im
Fichtelgebirge noch Schnee liegen.
Die östlichen Teile Frankens haben
kontinental beeinflusstes Klima.
Die Fränkische Alb ist eine Klima-
scheide, westlich davon ist es milder.

LITERATUR

Franken ist auch Schauplatz von
Kriminalfällen – so siedelt Krimi-
Spezialistin Tessa Korber ihren Ro-

man »Toter Winkel« in Nürnberg an und »Tiefe Schatten« in Erlangen. In beiden Fällen ermittelt Kommissarin Jeannette Dürer: In Nürnberg ist sie einem Serienmörder auf der Spur, in Erlangen muss sie den Mord an einem Professor aufklären. »Ein Nürnberger Lesebuch« mit dem Titel »Mit Menschen leben« hinterließ der Nürnberger Hermann Kesten (1900 bis 1996). 2001 erschien vom fränkischen Poeten Fitzgerald Kusz »Der fränkische Jedermann«, nach dem Vorbild Hugo von Hofmannsthals für die Salzburger Festspiele. Anschauenswert: Hermann Glasers Bild-Textband »Ins Land der Franken fahren« mit Fotos von Toma Babovic sowie der Bildband »Frankenwald« von Sabine Raithel (Text) und Reinhard Feldrapp (Fotos).

SCHIFFSFAHRTEN

Mit Kreuzfahrtschiffen unterwegs durch Franken, auf dem Main, dem Main-Donau-Kanal und weiter auf der Donau Richtung Wien und Schwarzes Meer – das ist die Fernreiseverlockung. Beliebt sind aber auch Kurzfahrten, z. B. von Miltenberg oder Wertheim zu Weinproben oder Burgen. Von Bamberg aus kann auch der alte Ludwig-Donau-Main-Kanal befahren werden. Auskunft beim Tourismusverband Franken oder in den Orten.

WEINSEMINARE

Jedes Jahr bietet Frankens Winzer Frankenwein-Seminare an. Sie vermitteln Wissen über Weinbau und Keller und geben Gelegenheit, den eigenen Weingeschmack zu schulen. Adressen und Termine über den *Tourismusverband Fränkisches Weinland.* Dort erfahren Weinfreunde u. a. auch alles über Weinbergführungen und Adressen von Winzern, bei denen er Wein ab Hof kaufen (und zuvor verkosten) kann. *www.weinland-franken.de*

Wetter in Nürnberg

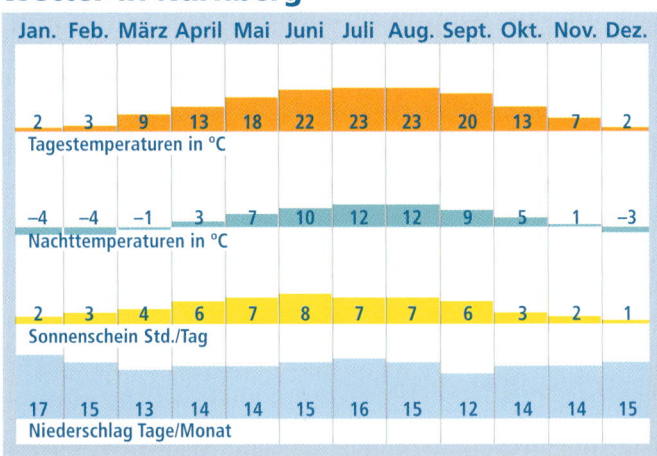

	Jan.	Feb.	März	April	Mai	Juni	Juli	Aug.	Sept.	Okt.	Nov.	Dez.
Tagestemperaturen in °C	2	3	9	13	18	22	23	23	20	13	7	2
Nachttemperaturen in °C	−4	−4	−1	3	7	10	12	12	9	5	1	−3
Sonnenschein Std./Tag	2	3	4	6	7	8	7	7	6	3	2	1
Niederschlag Tage/Monat	17	15	13	14	14	15	16	15	12	14	14	15

Reiseatlas Franken

Die Seiteneinteilung für den Reiseatlas finden Sie auf dem hinteren Umschlag dieses Reiseführers

Mit freundlicher Unterstützung von

kein urlaub ohne
holiday
autos

www.holidayautos.com

über den daten-highway zu mehr spaß auf allen anderen straßen:

FREUEN SIE SICH ÜBER 15 EURO MIETWAGEN-RABATT!

15 euro rabatt sichern! sms mit **HOLIDAY** an **83111***
(49 cent/sms)

so einfach geht's:
senden sie das wort **HOLIDAY** per sms an die nummer **83111***
(49 cent/sms) und wir schicken ihnen ihren rabatt-code per sms zurück.
mit diesem code erhalten sie 15 euro preisnachlass auf ihre nächste
mietwagenbuchung! einzulösen ganz einfach in reisebüros, unter der
hotline 0180 5 17 91 91 (14 cent/min) oder unter www.holidayautos.de
(mindestalter des mietwagenbuchers: in der regel 21 jahre). der code ist
gültig für buchung und mietbeginn bis 31.12.2010 für eine mindest-
mietdauer von 5 tagen. der rabattcode kann pro mobilfunknummer nur
einmal angefordert werden. dieses angebot ist gültig für alle zielgebiete
aus dem programm von holiday autos nach verfügbarkeit.

*vodafone-kunden: 12 cent vodafone-leistung + 37 cent zusatzentgelt des anbieters.
teilnahme nur mit deutscher sim-karte möglich.

Autobahn mit Anschlussstellen
Motorway with junctions

Autobahn in Bau
Motorway under construction

Mautstelle
Toll station

Raststätte mit Übernachtung
Roadside restaurant and hotel

Raststätte
Roadside restaurant

Tankstelle
Filling-station

Autobahnähnliche Schnell-straße mit Anschlussstelle
Dual carriage-way with motorway characteristics with junction

Fernverkehrsstraße
Trunk road

Durchgangsstraße
Thoroughfare

Wichtige Hauptstraße
Important main road

Hauptstraße
Main road

Nebenstraße
Secondary road

Fernverkehrsbahn
Main line railway

Autozug-Terminal
Car-loading terminal

Bergbahn
Mountain railway

Kabinenschwebebahn
Aerial cableway

Sessellift
Chair-lift

Eisenbahnfähre
Railway ferry

Autofähre
Car ferry

Schifffahrtslinie
Shipping route

Landschaftlich besonders schöne Strecke
Route with beautiful scenery

Touristenstraße
Tourist route

Wintersperre
Closure in winter

Straße für Kfz gesperrt
Road closed to motor traffic

Bedeutende Steigungen
Important gradients

Für Wohnwagen nicht empfehlenswert
Not recommended for caravans

Für Wohnwagen gesperrt
Closed for caravans

Sehenswürdigkeit
Object of interest

Badestrand
Bathing beach

Besonders schöner Ausblick
Important panoramic view

Ausflüge & Touren
Excursions & tours

Nationalpark, Naturpark
National park, nature park

Sperrgebiet
Prohibited area

Kirche
Church

Moschee
Mosque

Kloster
Monastery

Schloss, Burg
Palace, castle

Ruinen
Ruins

Leuchtturm
Lighthouse

Turm
Tower

Höhle
Cave

Ausgrabungsstätte
Archaeological excavation

Feriendorf
Tourist colony

Motel
Motel

Jugendherberge
Youth hostel

Allein stehendes Hotel
Isolated hotel

Berghütte
Refuge

Campingplatz
Camping site

Flughafen
Airport

Flugplatz
Airfield

Staatsgrenze
National boundary

Verwaltungsgrenze
Administrative boundary

Grenzkontrollstelle
Check-point

Grenzkontrollstelle mit Beschränkung
Check-point with restrictions

BERLIN Hauptstadt
Capital

NÜRNBERG Verwaltungssitz
Seat of the administration

Keltenwall

Alleenstr.

XI-V

8%

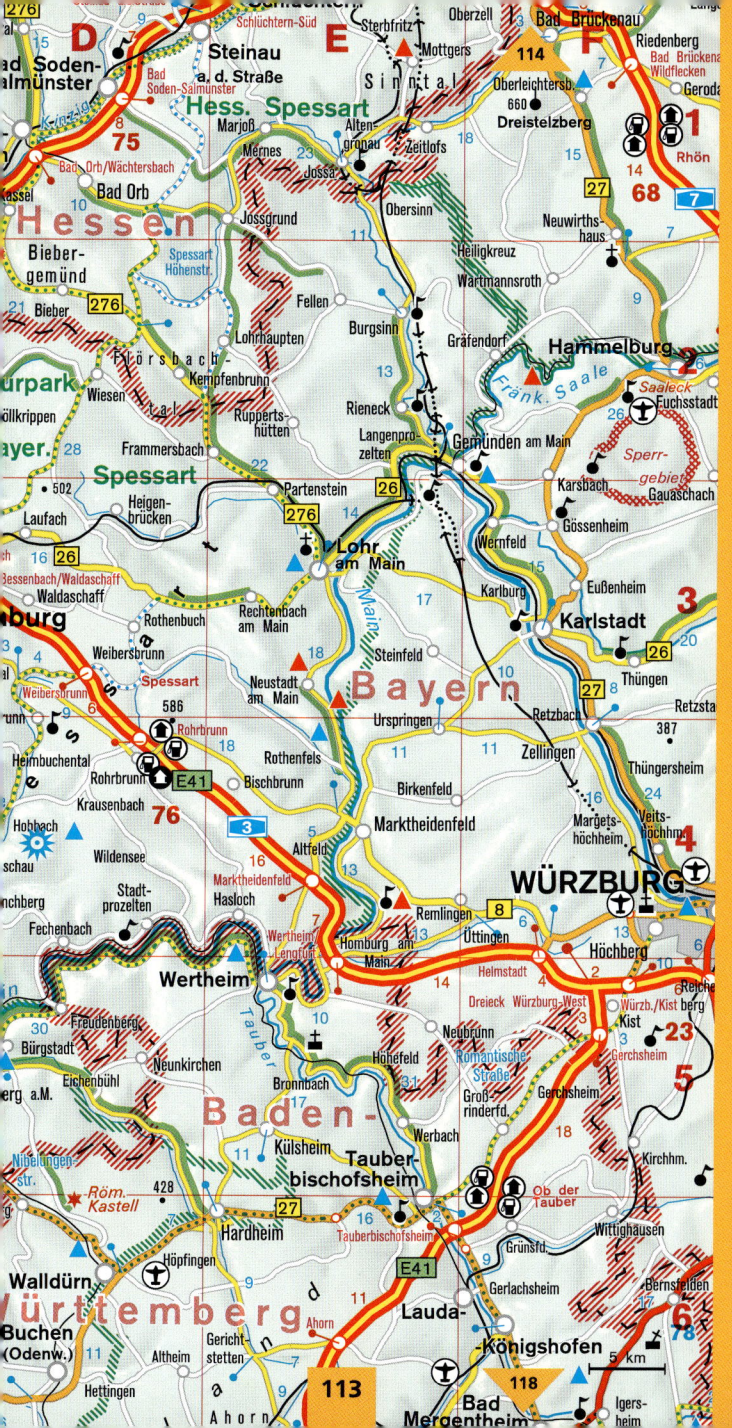

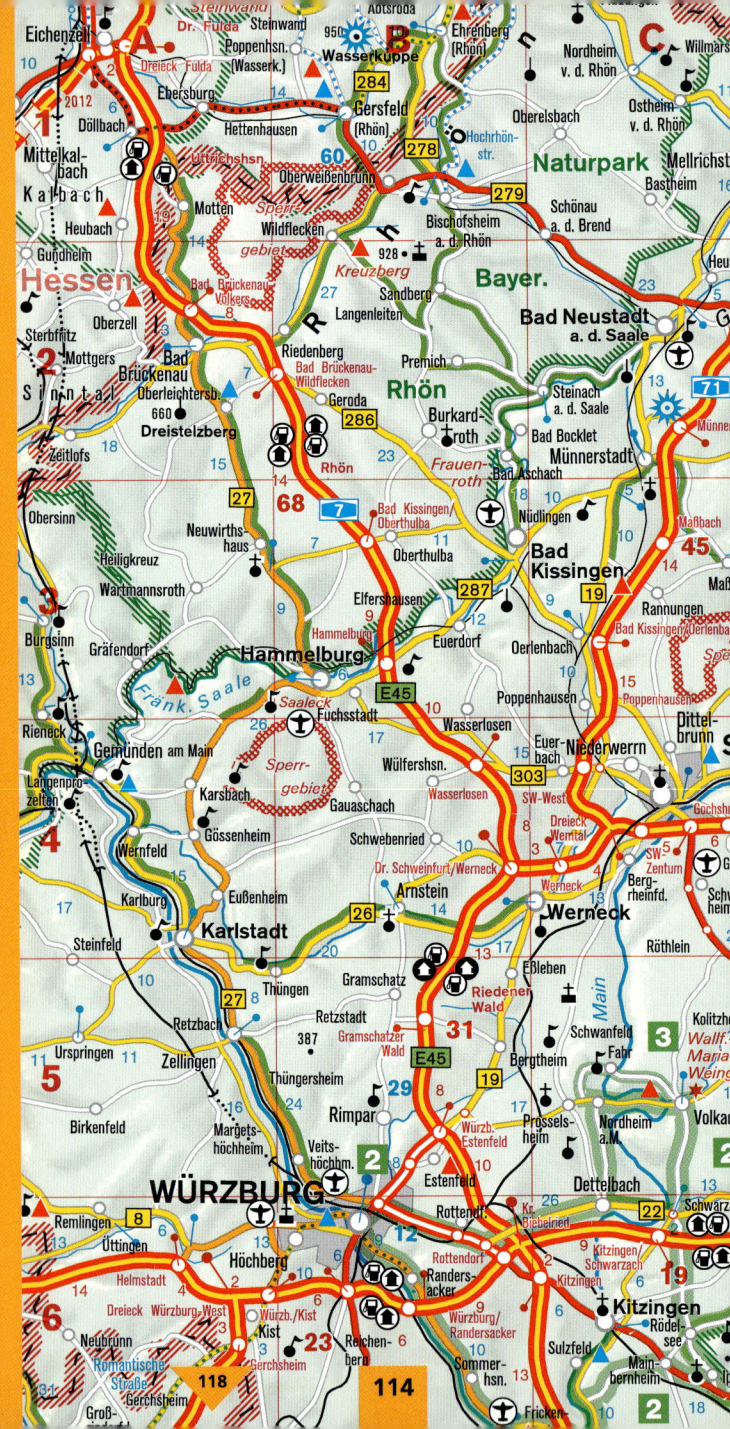

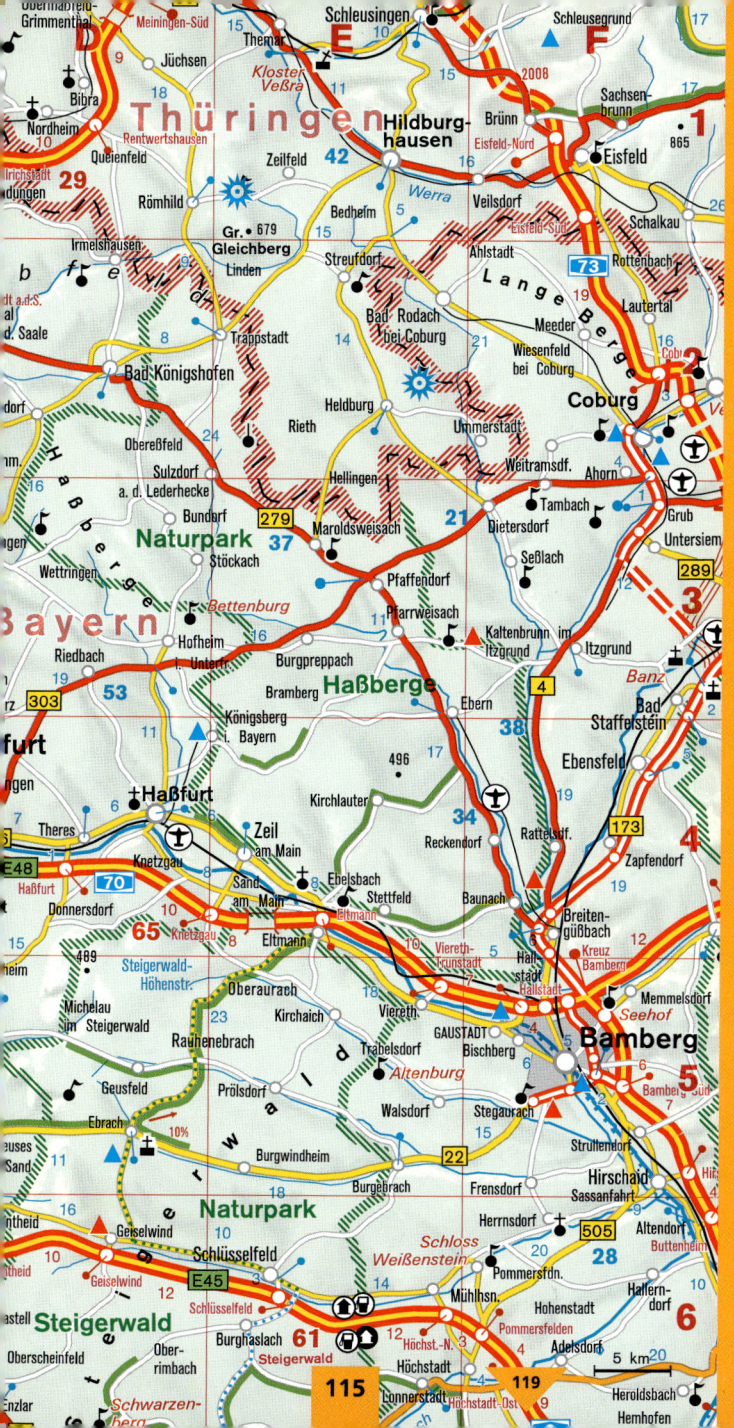

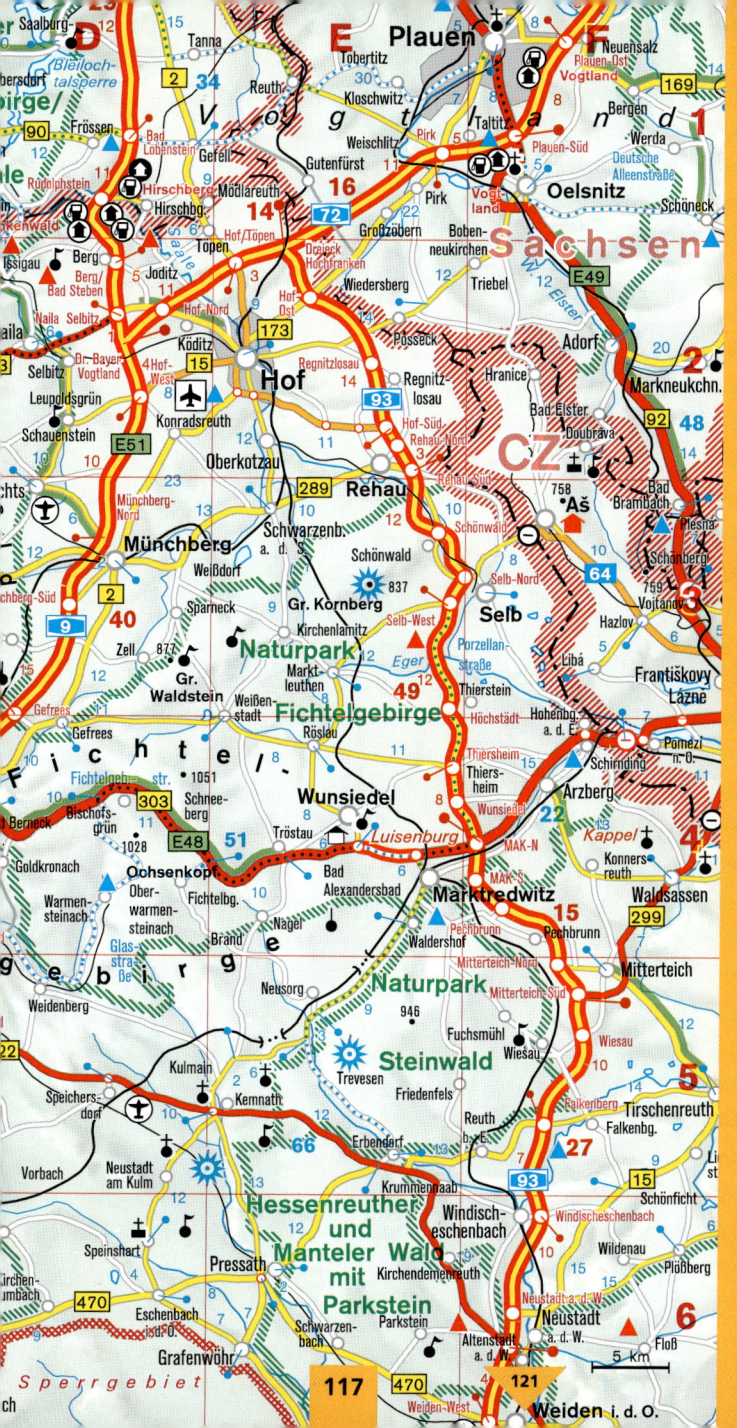

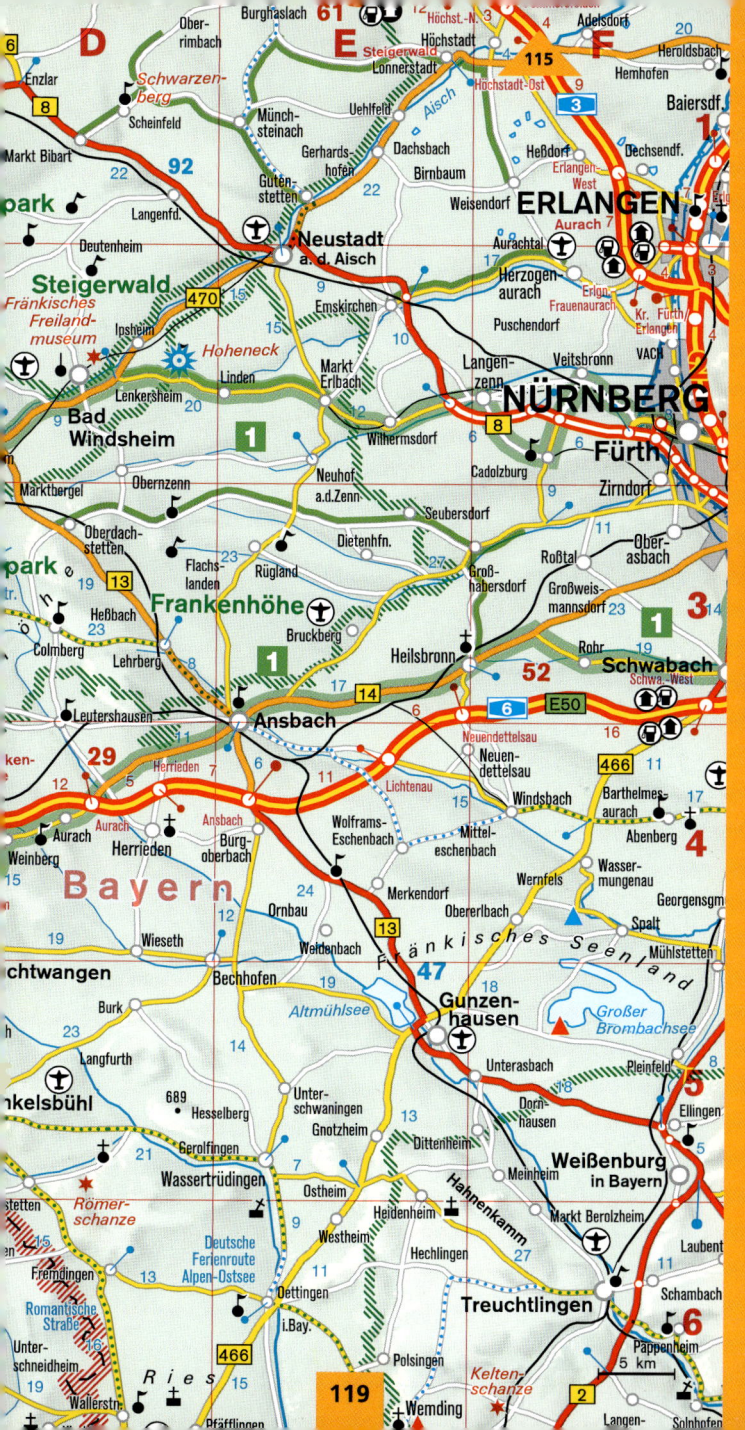

Würzburg

Hauptbahnhof
Auverastr.
Haugerglacis-
Veitshöch-heimer Str.
Bismarck-
Röntgen-ged.-stätte
Kaiser-platz
8
Wasser-schutz-polizei
Röntgenring
Haugerring
Haugering
str.
Mainau-str.
Georg.-Eydel-Str.
Mainaustr.
Dreikronen-str.
Friedens-brücke
Congress Centrum
Universitäts-institute
Wallgasse
Stift-Hauger-Kirche
Berliner
Platz
Mainvier-wiese
Juliuspital
Kaiserstr.
Heine-
Weißenburg-str.
Luitpold-str.
Wörth-str.
Zeller
str.
Kranenkai
Augustiner-kirche
Barbarossa-platz
Semmel-str.
Ludwigstr.
Erlebnisbad Nautiland
Ochsen-platz
Juliuspromenade
Schönbornstr.
Bürger-spital
Stadt-theater
St. Johannis-
Lither-
Frankf. Str.
Alter Kranen
Karmelitenstr.
Marien-kap.
Eichhornstr.
Haus z. Falken
Kapuziner-str.
Staatl. Hofkeller
Rennweger
Martin-
Siebold Museum
Höchberger Str.
Hofspitalkirche
Alter Mainkai
Neumünster Städt. Galerie
Residenz-platz
Residenz
weg Martin-
Alte Mainbrücke
Markt
Altes Rathaus
Dom
Hofstr.
Bronnbacher Neumünster Promenade
Martin-von-Hof Wagner Museum
MAINVIERTEL
St. Burkard
Augustinerstr.
ALTSTADT
Balthasar Neumann Promenade
Michaelskirche
Ring Martin-
Mainfränkisches Mus. Fürstenbau Mus.
Büttnerstr.
Alte Universität
Domerschul- str.
Kilianeum Landgericht Amtsgericht
Festung Marienberg
Burkarder Tor
Neubau-str.
St. Stephan
Peterskirche
Kühbach
Mainz. Willy-Brandt-Kai
Sanderstr.
Zwinger
Neue Universität
Sander-ring
Ebert-
Süd-bahnhof
19
Leisten-str.
Karmeliter-kloster
Am Studenten-haus
Friedenstraße
Südlicher Stadtring
Würzburg
Ludwigs-brücke
Sander-ring
Sophien-str.
500 m
Sanderglacis-str.

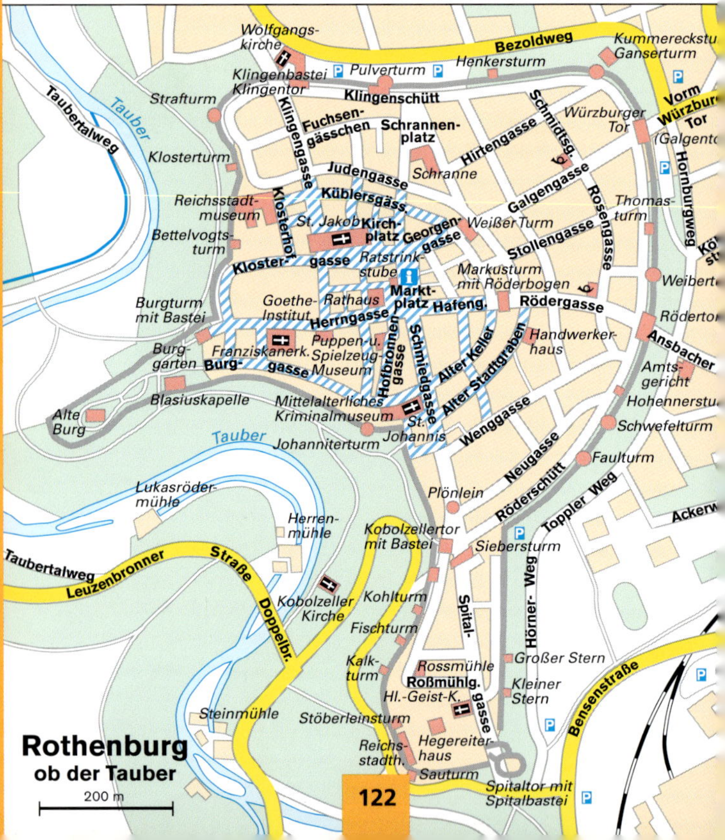

Rothenburg ob der Tauber

Wolfgangs-kirche
Bezoldweg
Kummereckstu
Gansertur
Klingenbastei
Pulverturm
Henkersturm
Vorm Würzbur Tor (Galgente
Taubertalweg
Tauber
Strafturm
Klingentor
Klingenschütt
Würzburger Tor
Hornburgweg
Klosterturm
Fuchsen-gässchen
Schrannen-platz
Hirtengasse
Schmidsg.
Thomas-turm
Klingengasse
Judengasse
Schranne
Galgengasse
Rosengasse
Reichsstadt-museum
Küblersgass
St. Jakob
Kirch-platz Georgen-gasse
Weißer Turm
Stollengasse
Weibert
Bettelvogts-turm
Kloster-gasse
Ratstrink-stube
Markusturm mit Röderbogen
Rödertor
Burgturm mit Bastei
Goethe-Institut
Rathaus
Markt-platz
Hafengasse
Rödergasse
Handwerker-haus
Ansbacher
Burg-garten
Franziskanerk.
Herrngasse
Puppen- u. Spielzeug Museum
Burg
gasse
Schmiedgasse
Alter Keller
Alter Stadtgraben
Amts-gericht Hohennerstu
Alte Burg
Blasiuskapelle
Mittelalterliches Kriminalmuseum
Holbein-straße
St. Johannis
Schwefeltur
Johanniterturm
Wenggasse
Faultur
Lukasröder-mühle
Neugasse
Plönlein
Röderschütt
Toppler Weg
Ackerw
Herren-mühle
Kobolzellertor mit Bastei
Siebersturm
Taubertalweg
Leuzenbronner
Straße
Doppelbr.
Kobolzeller Kirche
Kohlturm
Spital.
Hörner-Weg
Großer Stern
Bensenstraße
Fischturm
Kleiner Stern
Steinmühle
Kalk-turm
Rossmühle
Hl.-Geist-K.
Roßmühlg.-gasse
Stöberleinsturm
Hegereiter-haus
Reichs-stadth.
Sauturm
Spitaltor mit Spitalbastei
Rothenburg
ob der Tauber
200 m
122

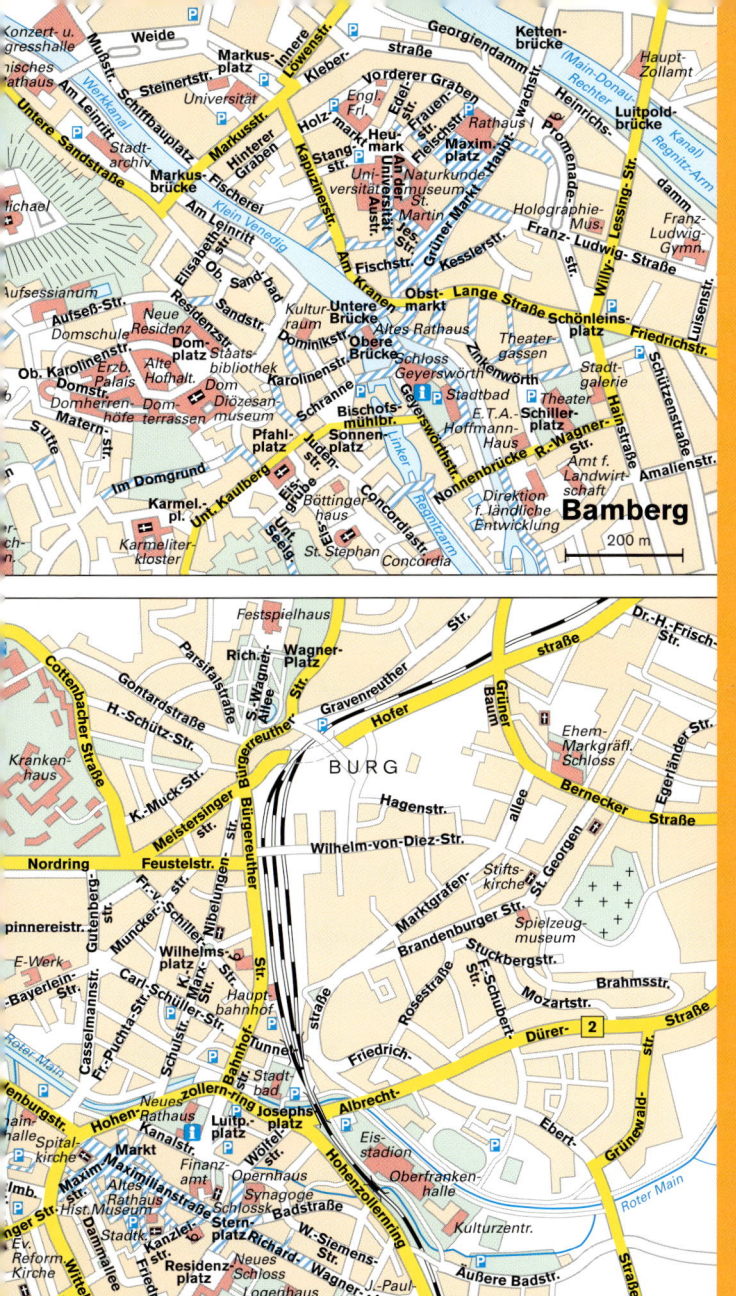

Bamberg

200 m

Bayreuth

500 m

123

Im Register sind alle im Führer erwähnten Orte, Naturparks (NP) und die wichtigsten Ausflugsziele verzeichnet. Halbfette Seitenzahlen verweisen auf den Haupteintrag, kursive auf ein Foto.

Schreiben Sie uns!

Liebe Leserin, lieber Leser,

wir setzen alles daran, Ihnen möglichst aktuelle Informationen mit auf die Reise zu geben. Dennoch schleichen sich manchmal Fehler ein – trotz gründlicher Recherche unserer Autoren/innen. Sie haben sicherlich Verständnis, dass der Verlag dafür keine Haftung übernehmen kann. Wir freuen uns aber, wenn Sie uns schreiben.

Senden Sie Ihre Post an die MARCO POLO Redaktion, MAIRDUMONT, Postfach 31 51, 73751 Ostfildern, info@marcopolo.de

Impressum

Titelbild: Bamberg, Altes Rathaus (T. P. Widmann)
Fotos: G. Amberg (74); dpa: Felix (17); HB Verlag: Kiedrowski/Koshofer/Schwarz: (5 r., 82), Teschner (24, 25, 28, 31, 35, 92, 100, 103), Wackenhut (U. l., U. r., 5 l., 36, 38, 42, 44, 45, 99); K Henseler (30); Huber: Alfeld (90), Schmid (11, 26); Lade: BAV (89), Feldrapp (68), Herzog (86); Mauritius: Vidler (2 o.); H. P. Merten (80); Schuster: Waldkirch (22); W. Spitta (12, 18, 27, 63, 104); O. Stadler (1, 4, 9, 14, 47, 76); T. Stankiewicz (32); Tourismuszentrale Fränkische Schweiz (57); Tourist Information Fränkisches Seenland (U. M., 7, 37, 96); Transglobe: Matheisl (2 u.), Waldkirch (70); P. Trummer (61); T. P. Widmann (6, 20, 50, 51, 52, 54, 58, 60, 65, 109)

8., aktualisierte Auflage 2007 © MAIRDUMONT, Ostfildern
Herausgeber: Ferdinand Ranft, Chefredakteurin: Marion Zorn
Redaktion: Arnd M. Schuppius, Bildredaktion: Gabriele Forst
Kartografie Reiseatlas: © MAIRDUMONT, Ostfildern
Vermarktung: MAIRDUMONT MEDIA, media@mairdumont.com
Gestaltung: red.sign, Stuttgart

Bloß nicht!

Worauf Sie achten sollten, und was Sie besser vermeiden

Franken Bayern nennen
Franken, gleich ob Nürnberger, Bamberger oder Würzburger, sind zwar Bürger des Bundeslandes Bayern. Trotzdem sind sie, bitte sehr, auch nach bald zweihundertjähriger Zugehörigkeit Frankens zu Bayern, noch lange keine Bayern und möchten nicht als solche angeredet werden. Immerhin ist es den Franken gelungen, die ungeliebte Münchner Bürokratie und Regierung mit eigenen Führungskräften zu unterwandern.

Zur Zeit der Spielwarenmesse nach Nürnberg reisen
Touristen sollten Nürnberg während der Spielwarenmesse Anfang Februar meiden: Die Hotels sind oft schon ein Jahr vorher ausgebucht. Zudem werden zur Messe, streng kontrolliert, nur Fachbesucher eingelassen. Auch Kinder müssen vor den Messetoren bleiben.

Rothenburg am Wochenende
Die Tauberstadt ist wunderschön. Nur — kommen Sie nicht gerade an einem Samstagvormittag in der Sommerferienzeit! Genau das tun nämlich alljährlich Zigtausende — übrigens auch in der Vorweihnachtszeit.

Kaffee im Bräu bestellen
In einer Weinstube kann man schon einmal um den schwarzen Muntermacher bitten, in den zünftigen Bräuwirtschaften werden Sie mit der Bestellung von Kaffee oder Tee jedoch schlecht ankommen! Glücklicherweise gibt es in Franken Cafés genug.

Coburger Rostbratwurst mit Senf essen
Die Coburger sind besonders stolz auf ihre Bratwürste. Die sind nämlich vom Feinsten und so gut gewürzt, dass man sie mit Senf geradezu degradierte. Also Bratwurst pur!

Immer mit dem Auto fahren
Falls Sie nicht gern im Stau stehen, meiden Sie besser an den Ferienwochenenden die Autobahnstrecke Würzburg–Nürnberg und Nürnberg–Würzburg, denn sie ist dann ständig überlastet. Schwer hat es, wer mit dem Auto zum Nürnberger Christkindlesmarkt in die Altstadt fahren will — da findet man nämlich schon zu normalen Zeiten keinen Parkplatz. In den Städten mit ihren Fußgängerzonen wird das Parken generell zum nervenzehrenden Problem. Es wird dringend geraten, nicht mit dem Auto in den Stadtkern zu fahren. Auch wenn Sie ein paar Schritte mehr laufen müssen — nutzen Sie die in den größeren Städten ausgeschilderten öffentlichen Parkplätze außerhalb der Innenstadt.